中国出版"走出去"重点图书出版计划立项
北大主干基础课教材立项
北大版商务汉语教材·新丝路商务汉语系列

新丝路

New Silk Road Business Chinese

中级商务汉语综合教程（生活篇）I

李晓琪　主编
刘德联　编著

图书在版编目（CIP）数据

新丝路：中级商务汉语综合教程. 生活篇. 1/李晓琪主编，刘德联编著. —北京：北京大学出版社，2012.7
（北大版商务汉语教材·新丝路商务汉语系列）
ISBN 978-7-301-20342-2

Ⅰ. 新…　Ⅱ. ①李…②刘…　Ⅲ. 商务—汉语—对外汉语教学—教材　Ⅳ. H195.4

中国版本图书馆 CIP 数据核字（2012）第 032241 号

书　　　名：新丝路——中级商务汉语综合教程（生活篇）Ⅰ
著作责任者：李晓琪　主编　刘德联　编著
责 任 编 辑：孙　娴
标 准 书 号：ISBN 978-7-301-20342-2/H·3015
出 版 发 行：北京大学出版社
地　　　址：北京市海淀区成府路 205 号　100871
网　　　址：http://www.pup.cn　电子信箱：zpup@pup.pku.edu.cn
电　　　话：邮购部 62752015　发行部 62750672　出版部 62754144　编辑部 62753374
印 刷 者：北京大学印刷厂
经 销 者：新华书店
　　　　　889 毫米×1194 毫米　16 开本　13.25 印张　230 千字
　　　　　2012 年 7 月第 1 版　2012 年 7 月第 1 次印刷
定　　　价：46.00 元（附 MP3 盘 1 张）

未经许可，不得以任何方式复制或抄袭本书之部分或全部内容。
版权所有，侵权必究
举报电话：010-62752024　电子信箱：fd@pup.pku.edu.cn

新丝路商务汉语系列教材总序

近年来，随着中国经济的持续快速发展，中国与其他国家贸易交流往来日益密切频繁，中国在国际社会的政治经济和文化影响力日益显著，与此同时，汉语正逐步成为一个重要的世界性语言。

与此相应，来华学习汉语和从事商贸工作的外国人成倍增加，他们对商务汉语的学习需求非常迫切。近年来，国内已经出版了一批有关商务汉语的各类教材，为缓解这种需求起到了很好的作用。但是由于商务汉语教学在教学理念及教学方法上都还处于起步、探索阶段，与之相应的商务汉语教材也在许多方面都存在着进一步探索和提高的空间。北京大学对外汉语教育学院自2002年起受中国国家汉语国际推广领导小组办公室的委托，承担中国商务汉语考试（BCT）的研发，对商务汉语的特点及教学从多方面进行了系统研究，包括商务汉语交际功能、商务汉语交际任务、商务汉语语言知识以及商务汉语词汇等，对商务汉语既有宏观理论上的认识，也有微观细致的研究；同时学院拥有一批多年担任商务汉语课程和编写对外汉语教材的优秀教师。为满足社会商务汉语学习需求，在认真研讨和充分准备之后，编写组经过3年的努力，编写了一套系列商务汉语教材，定名为——新丝路商务汉语教程。

本套教程共22册，分三个系列。

系列一，综合系列商务汉语教程，8册。本系列根据任务型教学理论进行设计，按照商务汉语功能项目编排，循序渐进，以满足不同汉语水平的人商务汉语学习的需求。其中包括：

初级2册，以商务活动中简单的生活类任务为主要内容，重在提高学习者从事与商务有关的社会活动的能力；

中级4册，包括生活类和商务类两方面的任务，各两册。教材内容基本覆盖与商务汉语活动有关的生活、社交类任务和商务活动中的常用业务类任务；

高级2册，选取真实的商务语料进行编写，着意进行听说读写的集中教学，使学习者通过学习可以比较自由、从容地从事商务工作。

系列二，技能系列商务汉语教程，8册，分2组。其中包括：

第1组：4册，按照不同技能编写为听力、口语、阅读、写作4册教材。各册注意突出不同技能的特殊要求，侧重培养学习者某一方面的技能，同时也注意不同技能相互间的配合。为达此目的，技能系列商务汉语教材既有分技能的细致讲解，又按照商务汉语需求提供大量有针对性的实用性练习，同时也为准备参加商务汉语考试（BCT）的人提供高质量的应试培训材料。

第2组：4册，商务汉语技能练习册。其中综合练习册（BCT模拟试题集）2册，专项练习册2册（一本听力技能训练册、一本阅读技能训练册）。

系列三，速成系列商务汉语教程，6册。其中包括：

初级2册，以商务活动中简单的生活类任务为主要内容，重在提高学习者从事与商务有关的社会活动的能力；

中级2册，包括生活类和商务类两方面的任务。教材内容基本覆盖与商务汉语活动有关的生活、社交类任务和商务活动中的常用业务类任务；

高级2册，选取真实的商务语料进行编写，着意进行听说读写的集中教学，使学习者通过学习可以比较自由、从容地从事商务工作。

本套商务汉语系列教材具有如下特点：

1. 设计理念新。各系列分别按照任务型和技能型设计，为不同需求的学习者提供了广泛的选择空间。

2. 实用性强。既能满足商务工作的实际需要，同时也是BCT的辅导用书。

3. 覆盖面广。内容以商务活动为主，同时涉及与商务活动有关的生活类功能。

4. 科学性强。教材立足于商务汉语研究基础之上，吸取现有商务汉语教材成败的经验教训，具有起点高、布局合理、结构明确、科学性强的特点，是学习商务汉语的有力助手。

总之，本套商务汉语系列教材是在第二语言教材编写理论指导下完成的一套特点鲜明的全新商务汉语系列教材。我们期望通过本套教材，帮助外国朋友快速提高商务汉语水平，快速走进商务汉语世界。

新丝路商务汉语系列教材编写组
于北京大学勺园

新丝路商务汉语系列教材总目

新丝路商务汉语综合系列	李晓琪　主编
新丝路初级商务汉语综合教程Ⅰ	章　欣　编著
新丝路初级商务汉语综合教程Ⅱ	章　欣　编著
新丝路中级商务汉语综合教程（生活篇）Ⅰ	刘德联　编著
新丝路中级商务汉语综合教程（生活篇）Ⅱ	刘德联　编著
新丝路中级商务汉语综合教程（商务篇）Ⅰ	蔡云凌　编著
新丝路中级商务汉语综合教程（商务篇）Ⅱ	蔡云凌　编著
新丝路高级商务汉语综合教程Ⅰ	韩　熙　编著
新丝路高级商务汉语综合教程Ⅱ	韩　熙　编著

新丝路商务汉语技能系列	李晓琪　主编
新丝路商务汉语听力教程	崔华山　编著
新丝路商务汉语口语教程	李海燕　编著
新丝路商务汉语阅读教程	林　欢　编著
新丝路商务汉语写作教程	林　欢　编著
新丝路商务汉语考试阅读习题集	李海燕　编著
新丝路商务汉语考试听力习题集	崔华山　编著
新丝路商务汉语考试仿真模拟试题集Ⅰ	李海燕　林　欢　崔华山　编著
新丝路商务汉语考试仿真模拟试题集Ⅱ	李海燕　崔华山　林　欢　编著

新丝路商务汉语速成系列	李晓琪　主编
新丝路初级速成商务汉语Ⅰ	蔡云凌　编著
新丝路初级速成商务汉语Ⅱ	蔡云凌　编著
新丝路中级速成商务汉语Ⅰ	崔华山　编著
新丝路中级速成商务汉语Ⅱ	崔华山　编著
新丝路高级速成商务汉语Ⅰ	李海燕　编著
新丝路高级速成商务汉语Ⅱ	李海燕　编著

编写说明

本书是北京大学新丝路商务汉语系列教材综合部分的中级生活篇，分Ⅰ、Ⅱ两册，每册10课，是为具有一定汉语基础，并希望在中国从事商务活动的学习者准备的。学习者通过对本书的学习，可以对商务活动者在中国日常生活的交际语言有一个基本的了解，为以后在中国从事日常商务工作打下基础。

本书是以外国公司派往中国从事商务活动职员的日常生活为主线编写的，模拟外方职员在中国工作时可能会出现的社会交往的体验，提高学习者在中国与商界人士交往的能力。

本书不同于体现外国人在中国生活的一般汉语教材，主要表现为以下几点：

1. Ⅰ、Ⅱ两册共20课，安排了40段情景会话，均是围绕外方职员在中国可能会遇到的生活情景设计的，基本上是外方职员必须要解决的问题。通过对这些情景会话的学习，学习者能够增长在中国生活的日常交往知识，提高口头表达的能力。

2. 每课安排了与该课主题有关的阅读篇，对中国的日常生活知识、文化特点以及社会交往中应该注意的问题等，做了必要的介绍。学习者在学习这些相关知识以后，会对中国有更深入的了解，提高与中国人交往的能力。

3. 在注重情景会话的同时，每课都安排了交际功能的内容，包括日常寒暄、介绍与自我介绍、询问、欢迎、求助、邀请、建议、祝贺、解释、警告、呼救、称赞、嘱咐、争辩等等，以及与业务往来有关的产品介绍、推销广告等等。学习者可以通过对功能项目的学习，掌握更多的交际语言。

4. 练习形式丰富多样，涵盖听说读写四项技能的各种训练，在理解性练习的基础上，安排了大量任务型练习。任务型练习大都以商务活动为背景，体现出很强的实用性，能够满足学习者在未来的商务活动中的实际需要。

在本教材的编写过程中，北京大学新丝路商务汉语系列教材主编李晓琪教授就编写原则、大纲设计、练习形式以及许多细节问题都给予了悉心指导，杜坤、陈晨为本书做了英文翻译，北京大学出版社的孙娴编辑做了大量认真细致的工作，提出了很好的修改意见，在此一并致以衷心的感谢！

编　者

目 录

第一课　到达机场 ……………………………………………………… 1
　课前热身 ………………………………………………………………… 1
　课文 ……………………………………………………………………… 1
　　会话篇（一）　谢谢你来接我 ………………………………………… 1
　　会话篇（二）　您看这样安排行吗? …………………………………… 6
　　阅读篇　事先约定好联系方法是十分必要的 ………………………… 10
　综合练习 ………………………………………………………………… 12
　附录 ……………………………………………………………………… 15

第二课　租房 …………………………………………………………… 16
　课前热身 ………………………………………………………………… 16
　课文 ……………………………………………………………………… 16
　　会话篇（一）　我想租个公寓房 ……………………………………… 16
　　会话篇（二）　住在这里真是太方便了 ……………………………… 20
　　阅读篇　很难完成的任务 ……………………………………………… 25
　综合练习 ………………………………………………………………… 29
　附录 ……………………………………………………………………… 33

第三课　交通工具 ……………………………………………………… 34
　课前热身 ………………………………………………………………… 34
　课文 ……………………………………………………………………… 34
　　会话篇（一）　包车一天要多少钱? …………………………………… 34
　　会话篇（二）　买车不如租车 ………………………………………… 38
　　阅读篇　新的生活方式 ………………………………………………… 41

| 综合练习 | 45 |
| 附录 | 48 |

第四课　宴请与答谢 ... 50

- 课前热身 ... 50
- 课文 ... 50
  - 会话篇（一）　招待会是特意为您举办的 ... 50
  - 会话篇（二）　欢迎会上的答谢词 ... 53
  - 阅读篇　宴会的礼节 ... 59
- 综合练习 ... 63
- 附录 ... 66

第五课　买手机 ... 68

- 课前热身 ... 68
- 课文 ... 68
  - 会话篇（一）　手机的品牌与款式 ... 68
  - 会话篇（二）　选号费 ... 71
  - 阅读篇　新时代的多功能手机 ... 75
- 综合练习 ... 79
- 附录 ... 82

第六课　游览 ... 83

- 课前热身 ... 83
- 课文 ... 83
  - 会话篇（一）　北京的长城 ... 83
  - 会话篇（二）　长城纪念品 ... 87
  - 阅读篇　中国的名山 ... 90
- 综合练习 ... 95
- 附录 ... 99

第七课　购物

- 课前热身 … 100
- 课文 … 100
  - 会话篇（一）　你看在哪儿买好呢？ … 100
  - 会话篇（二）　购物天堂 … 104
  - 阅读篇　白色污染 … 108
- 综合练习 … 112
- 附录 … 115

第八课　饮食种种

- 课前热身 … 116
- 课文 … 116
  - 会话篇（一）　还是去吃家常菜吧 … 116
  - 会话篇（二）　中国菜的名字 … 121
  - 阅读篇　中国菜的吃法 … 125
- 综合练习 … 130
- 附录 … 134

第九课　求助

- 课前热身 … 135
- 课文 … 135
  - 会话篇（一）　我的手机找不着了 … 135
  - 会话篇（二）　就算是互相辅导吧 … 138
  - 阅读篇　什么时候可以拨打110？ … 143
- 综合练习 … 147
- 附录 … 151

第十课　聚会

- 课前热身 … 152

课文 ··· 152
    会话篇（一） 我们在这里跟你们一起过新年 ···························· 152
    会话篇（二） 难得在一起聊聊 ··· 155
    阅读篇 忘年会 ·· 158
综合练习 ··· 162
附录 ·· 165

综合练习录音文本 ··· 166
语言点总表 ·· 177
词语总表 ··· 183

第一课　到达机场

课前热身

1. 明天你就要去中国了,这是你第一次去中国,去之前要不要跟接机的人联系?怎样联系?
2. 你现在在机场,遇到了迎接你的人,这时你应该说些什么?
3. 在中国,人们初次见面的时候常说些什么?

课文

会话篇(一)

谢谢你来接我

词语准备(1-1)

1	公关部	名	gōngguānbù	public relations department
2	熟悉	形	shúxī	be familiar with
3	名片	名	míngpiàn	(business) card
4	稍	副	shāo	little; a bit
5	本人	代	běnrén	oneself

6	认（出）	动	rèn (chū)	recognize
7	特点	名	tèdiǎn	characteristic
8	突出	形	tūchū	outstanding
9	胡子	名	húzi	beard；whiskers
10	风趣	形	fēngqù	humor；witty

会话课文

（在机场）

王　丽：请问，您是从加拿大来的马丁先生吗？

马　丁：我是马丁，你一定是ABC公司的王小姐吧？

王　丽：是啊，我是ABC公司公关部的王丽，您怎么知道我的名字？

马　丁：我们在电话里联系过呀！我很熟悉你的声音。

王　丽：原来是这样。欢迎您到我们这座城市来，这是我的名片。

马　丁：谢谢！我的名片……请稍等，在这儿，这是我的名片。

王　丽：您的名字我早就知道了，今天是第一次见到您本人，认识您很高兴。

马　丁：我也很高兴。王小姐怎么能从那么多外国人里面一下子就认出我呢？

王　丽：我看过您的照片哪！

马　丁：特点很突出，是不是？一脸大胡子。

王　丽：您真风趣。坐了这么长时间的飞机，路上辛苦了。

马　丁：还好！还好！

王　丽：行李都拿好了？请您跟我来吧，公司的车在外面等您。

语句理解与练习（1-1）

1. 你**一定**是ABC公司的王小姐吧？

"一定"可以用做副词，用在动词前，表示比较肯定的推测，希望得到别人的确认。如：

(1) 他到现在还没来，一定是迷路了吧？

(2) 会议室里怎么一个人也没有？你一定记错开会时间了。

📝 用"一定"完成下面的对话：

(1) 甲：今天怎么那么冷？

乙：_____。

(2) 甲：我让司机9点到机场接我们，怎么到现在还没到？

乙：_____。

(3) 甲：飞机已经到了一个多小时了，咱们要接的客人怎么还没出来？

乙：_____。

(4) 甲：他说今天电话通知我们，怎么到现在还没打电话来？

乙：_____。

2. 王小姐怎么能从那么多外国人里面一下子就认出我呢？

"一下子"用在动词前，表示很短的时间，马上。如：

(1) 您穿上这身衣服显得年轻了，我一下子没认出您来。

(2) 听说今年的工作提前完成了，大家觉得一下子轻松了很多。

📝 完成下面的句子：

(1) 听说这位年轻姑娘就是我们班的数学老师，同学们一下子_____。

(2) 妈妈离开了我们，我觉得爸爸一下子_____。

(3) 刚才还是晴天，怎么一下子_____。

(4) 你不是说好要和我们一起去旅行吗？怎么一下子_____。

3. 特点很突出，是不是？一脸大胡子。

"一"加上"脸、头、身、手、脚"等有关身体部位的词语，表示范围，"一"有"满"的意思。如：

一身汗（hàn）／一头白发／一手油／一脚泥（ní）／一脸血（xiě）

📝 根据下图填空：

一（　）泥　　一（　）大胡子　　一（　）汗　　一（　）白发

4. **还好！还好！**

"还好"表示还可以；状态不错；没有什么不好的情况。如：

(1) 甲：您最近身体怎么样？

乙：还好，就是血压（xuèyā）有时候高一点儿。

(2) 甲：昨天我们班的篮球队输了，大家的情绪（qíngxù）还好吧？

乙：我看没问题，下一场比赛我们一定能赢（yíng）。

📝 甲乙二人根据以下提示，用上"还好"做对话练习，要求每人至少说三句话：

(1) 甲身体不好，一直在家休息，乙打电话问甲的身体情况。

(2) 甲新找了一个工作，乙问甲新的工作环境怎么样。

(3) 甲刚刚参加了大学的入学考试，乙了解考试情况。

(4) 甲前几天给乙介绍了一位男朋友，现在问乙有什么进展。

📝 **机场见面常用语**

一、从课文中找出机场见面常用语（5句），写在下面的表格里：

1	
2	
3	
4	
5	

二、你还知道哪些机场见面时的常用语句？请写在下面的表格里，然后和你的同学交流：

1	
2	
3	
4	
5	

三、根据所给的词语，各组成一句机场见面常用语，填写在下面的表格里：

欢迎　　名片　　认识　　辛苦　　行李

1	
2	
3	
4	
5	

练习

1. 根据课文回答下面的问题：

（1）马丁怎么知道对方是 ABC 公司的王小姐？

（2）王丽怎么会从那么多外国人里面一下子就认出马丁？

2. 填空：

（1）请问，您是（　　）加拿大来的马丁先生吗？

（2）（　　）您到我们这座城市来。

（3）（　　）您很高兴。

（4）路上（　　）了。

（5）行李都（　　）好了？请您跟我来吧。

3. 根据课文中所给的信息，试着补充缺少的内容，为王丽设计一张名片：

```
┌─────────────────────────┐
│                         │
│                         │
│          王　丽          │
│                         │
│                         │
└─────────────────────────┘
```

会话篇（二）

您看这样安排行吗？

词语准备（1-2）

1	清爽	形	qīngshuǎng	fresh
2	家乡	名	jiāxiāng	hometown; native place
3	感觉	动、名	gǎnjué	to feel; feeling
4	进餐	动	jìncān	to have a meal
5	日程	名	rìchéng	schedule
6	号码	名	hàomǎ	number
7	开（机）	动	kāi (jī)	to switch on
8	闭	动	bì	to shut
9	段	量	duàn	(measure word)
10	距离	名	jùlí	distance
11	景色	名	jǐngsè	scene; view

第一课 到达机场

会话课文

(在车上)

王　丽：您是第一次来我们这座城市吧？

马　丁：是啊。这里的空气真不错，清爽，像我的家乡。

王　丽：那您一定会有回家的感觉。您的住处我们已经为您安排好了，您先去休息一下，下午五点我们总经理要和您见面，然后和您共进晚餐。您看这样安排行吗？

马　丁：很好。

王　丽：这是我们为您安排的日程表，您先看看，有什么要求可以随时告诉我。这上面有我的手机号码，我会24小时开机。

马　丁：谢谢你们这么周到的安排，太麻烦你们了。

王　丽：没什么，这是我的工作。您要是觉得累，可以闭上眼睛休息一下，饭店离这儿还有一段距离。

马　丁：我不累，我想看看窗外的景色，这儿真像我的家乡，太像了！

语句理解与练习（1-2）

1. 下午五点我们总经理要和您见面，然后和您共进晚餐。

"共进……餐"表示"一起吃……饭"，多用于较正式的场合。如：

共进午餐 / 共进晚餐 / 共进早餐 / 共进工作餐

根据下面提示的信息，用上"共进……餐"，编写一段新闻：

董事长今天下午的日程安排：

时间	日程安排	地点	陪同
2:00	接见南方五省的企业参观团	大会议厅	有关部门经理
4:00	带客人参观公司的制作车间	各车间	各车间负责人
6:00	宴请来访客人	长城饭店	总经理及各有关部门

2. 有什么要求可以随时告诉我。

副词"随时"表示如果需要或有必要,无论什么时候都可以。如:
(1) 大家对公司的发展有什么好的建议,可以随时告诉我们。
(2) 有不懂的地方,随时来问我。

用下面的短语各说一句完整的话:
(1) 随时来找我:_____。
(2) 随时提醒我:_____。
(3) 随时告诉我:_____。

日程安排常用语

一、根据下面的词语提示,在表格里写出日程安排常用语:

住处　　见面　　进餐　　安排　　饭店　　休息

1	
2	
3	
4	
5	

二、给下面的短文添上适当的词语:

　　这就是我们要住的宾馆,我们的房间都在_____,大家先去房间休息一下,_____分钟以后我们在_____的餐厅吃午饭,下午_____,我们准时出发去市内参观,晚上_____回来,晚餐的时间是_____,大家记清楚了吗?

三、你的朋友要来你所在的城市旅游三天,请你选用下面的提示词语,为他们设计一个日程安排表:

提示词语:出发、参观、游览、购物、进餐、自由活动

历史博物馆、美术馆、××游览区、风味美食、音乐会、宾馆

	日程安排
第一天	
第二天	
第三天	

练习

1. 根据课文回答下面的问题：

(1) 王丽为什么说马丁会有回家的感觉？

(2) 说说公司为马丁制定的第一天的日程安排。

2. 填空：

(1) 这儿真（　　）我的家乡。

(2) 您的住处我们已经（　　）您安排好了。

(3) 我们总经理要和您见面，然后和您共（　　）晚餐。

(4) 饭店（　　）这儿还有一段距离。

3. 根据下面的要求，选用课文中的日程安排常用语，模仿王丽的口吻，向一位刚到机场的客人介绍这一天的日程安排。

(1) 安排住处　　(2) 和总经理见面　　(3) 共进晚餐　　(4) 观看京剧

	日程安排
上午	
下午	

阅读篇

事先约定好联系方法是十分必要的

词语准备（1-3）

1	事先	名	shìxiān	in advance
2	约定	动	yuēdìng	to make an appointment
3	必要	形	bìyào	necessary
4	乘坐	动	chéngzuò	to take (a bus, airplane, etc.)
5	航班	名	hángbān	flight
6	到达	动	dàodá	to arrive
7	准确	形	zhǔnquè	accurate
8	传真	名	chuánzhēn	fax
9	电子邮件		diànzǐ yóujiàn	e-mail
10	避免	动	bìmiǎn	to avoid
11	差错	名	chācuò	mistake
12	准时	形	zhǔnshí	on time
13	体态	名	tǐtài	posture
14	着装	名	zhuózhuāng	clothing
15	标志	名	biāozhì	sign
16	意外	名	yìwài	accident
17	等候	动	děnghòu	to wait for

阅读课文

如果你是第一次被派往中国的公司职员，你该事先做好哪些准备工作呢？

首先，你应该把自己所乘坐航班的信息和到达机场的准确时间，发传真或电子邮件给对方，避免出现差错，影响对方准时接机。

其次，如果去机场迎接你的对方职员你从来没有见过面，事先约定好联系方法是十分必要的。比如，你告诉对方你的体态和着装，或者要求对方手里举一个标志牌，在上面写上你的名字。

另外，还有一点要考虑到，如果出现意外情况该怎么办。比如，你出海关时，由于机场里人太多，你们没有见到对方，那么，可以到事先约定好的有标志性或者有方向性的地点等候。

语句理解与练习（1-3）

1. **首先**，你应该……，**其次**，如果……，事先约定好联系方法是十分必要的。

   "首先，……，其次，……"用于列举事项，表示"第一，第二，……"。如：

   (1) 要解决这个问题，我们的答复是：首先，必须在媒体（méitǐ）上公开道歉；其次，必须赔偿（péicháng）一定数量的精神损失（sǔnshī）费。

   (2) 我们要做一个合格的职员，首先要有认真的工作态度，其次要尽快（jǐnkuài）熟悉（shúxī）有关业务，另外，要和同事搞好关系。

   用上"首先，……，其次，……"选择下面的题目作成段表述：

   (1) 如何学好汉语口语
   (2) 怎样开办自己的公司

2. **由于**机场里人太多，你们没有见到对方，……

   连词"由于"表示原因。多用于复句中的前一分句，后面有时与"因此"搭配。

   (1) 由于出现电脑故障（gùzhàng），银行今日停止营业。
   (2) 由于飞机晚点，（因此，）你们需要的货物今天无法运到。

   完成下面的句子：

   (1) 由于机场有雷阵雨，＿＿＿＿＿＿＿＿＿＿＿＿＿＿＿＿＿。
   (2) 由于样货质量（zhìliàng）不合格，＿＿＿＿＿＿＿＿＿＿＿＿。
   (3) 由于市场不景气（jǐngqì），＿＿＿＿＿＿＿＿＿＿＿＿＿＿＿。

练习

1. 下面哪句话不符合课文原意:

(1) 要事先和对方约定好联系方法。

(2) 应该把自己乘坐航班的信息和到达机场的准确时间,写一封信通知对方。

(3) 要告诉对方自己穿什么衣服。

(4) 可以在约定的某一标志牌下面等候。

2. 下面哪些内容是需要通知对方的?

(1) 航班时间　(2) 体态着装　(3) 到达时间　(4) 日程安排

3. 选词填空:

(1) 如果你是第一次去中国旅行,你应该(　　)做好哪些准备呢?
（首先　事先）

(2) 你在公共汽车上丢了钱包,(　　)要打110报案,然后等候警察的到来。（首先　事先）

(3) 你放心,我会(　　)参加这次会议的。（准时　准确）

(4) 请你告诉我到北京的(　　)时间。（准时　准确）

(5) 你一定要在我们(　　)好的地点等我。（约会　约定）

(6) 他今天晚上和女朋友有个(　　)。（约会　约定）

综合练习

一、听录音,然后从 ABCD 四个选项中选择最恰当的答案:

1. 女士现在在哪儿?

　A. 在公共厕所的右边　　　B. 在出站口的右边

　C. 在小卖部的左边　　　　D. 在出站口的对面

2. 男士怎么打的电话？
  A. 用小卖部旁边的电话机 B. 用麦当劳旁边的电话机
  C. 没有 IC 卡所以没打电话 D. 用女士的手机

二、听录音，边听边在下面的句子中填写有关内容：

1. 白云机场增设了_____银行的外币兑换点。
2. 国际到达厅可兑换币种由原来的_____种增至_____种。
3. 国际到达厅共有两个外币兑换点，分别是_____银行和_____银行。
4. 国际到达厅有_____银行和_____银行的自动取款机 4 部，分别设在 16 号门和 8 号门旁。

三、给下面的形容词搭配适当的词语，并写出完整的句子：

例：准时——准时下班——在这个公司工作，每天都能准时下班。
1. 风趣——
2. 必要——
3. 突出——
4. 准确——
5. 清爽——

四、本课有的词语是由两个意思相同或相近的汉字构成的，如"等候"。请在课文中找出类似的词语，并补充你学过的其他词语：

课文中：1._____ 2._____ 3._____ 4._____
补 充：1._____ 2._____ 3._____ 4._____

五、阅读下面的文字，然后根据这段文字修改日程表：

马丁先生：

  非常抱歉，因总经理乘坐的飞机晚点，原定于下午 3 点的会见推迟一个半小时，参观公司的活动提前到下午 3 点，其他日程不变。对此变动给您带来的不便，我们深表歉意。

ABC 公司
6 月 9 日

时间	日程	地点
11:15	到达机场	首都机场
12:30	午餐	新新饭店
15:00	与ABC公司总经理会见	ABC公司
16:00	参观ABC公司	ABC公司
17:30	ABC公司招待会	全聚德烤鸭店
19:30	观看歌舞晚会	展览馆剧场

六、说明：

你在机场没有找到自己托运的行李，向机场工作人员详细介绍有关情况：

1. 你从哪里来，乘坐的是哪一航班；
2. 你托运的行李的形状特征；
3. 你托运的行李内有哪些主要物品；
4. 你的居住地及联系方式。

七、模拟写作：

你在机场丢失了钱包，一位机场工作人员将拾到的钱包送还给你。请模仿下面的例子，给机场有关部门写一封感谢信。

感 谢 信

北京公共交通总公司有关领导：

  我在222路公共汽车上丢失了手包，里面有我的身份证、手机，还有存折、人民币等等。222路公共汽车售票员王小云女士拾到我的手包后，马上打电话与我联系，并及时将手包送还。我对王小云女士深表谢意。

一名普通乘客
12月29日

八、写作：

试着替马丁给对方公司接机的人写一封电子邮件，告诉对方自己所乘坐航班的信息和到达机场的准确时间，以及自己的体态与着装，希望对方准时接机。

九、请你说说：

在出现下面的情况时，你会怎么做？

  1. 你走出机场海关，没有找到接你的人；

  2. 你想打个电话，可是你没有电话卡；

  3. 你去机场餐厅吃饭，发现这里的食品价格都很贵。

日常寒暄语

1. 好久不见了。
2. 最近怎么样？身体好吗？
3. 今天天气不错。（今天天气很冷。今天真热呀！）
4. 初次见面，请多关照。
5. 家里人都好吧？
6. 这里的生活还习惯吧？
7. 工作忙吗？
8. 多注意身体，别太累了。
9. 认识你很高兴。（我也很高兴认识你。）
10. 久仰久仰。（久仰大名。）
11. 幸会幸会。

第二课　租　房

课前热身

1. 说说你现在住的房间里有哪些家具和电器。
2. 如果你现在需要租房子，说说你租房的条件。
3. 如果你是老板，你希望自己公司的办事处设在城市的什么地方？

课　文

会话篇（一）

我想租个公寓房

词语准备（2-1）

1	租	动	zū	to rent
2	公寓	名	gōngyù	apartment
3	步行	动	bùxíng	to walk
4	超过	动	chāoguò	to overrun；beyond
5	原因	名	yuányīn	reason
6	套	量	tào	(measure word)
7	手艺	名	shǒuyì	handicraft

8	家具	名	jiājù	furniture
9	电器	名	diànqì	electric appliances
10	齐全	形	qíquán	complete
11	用品	名	yòngpǐn	articles for use

居室相关词语

1	两居室	名	liǎngjūshì	flat with double rooms
2	卧室	名	wòshì	bedroom
3	书房	名	shūfáng	study room
4	厨房	名	chúfáng	kitchen
5	卫生间	名	wèishēngjiān	wash room
6	客厅	名	kètīng	living room
7	餐厅	名	cāntīng	dining room

会话课文

马　丁：王小姐，我想租个公寓，不知道你能不能帮我的忙。

王　丽：没问题呀，说说您的条件。

马　丁：最好离公司不远，步行不超过十分钟。

王　丽：那您以后早上就可以多睡会儿了。

马　丁：你真聪明！这是最主要的原因。我想找一套两居室的房子，一间卧室，一间书房。要有厨房、卫生间，最好还有一个客厅，要是再有个餐厅就更好了。

王　丽：您要自己做饭吗？

马　丁：当然，我喜欢自己做饭，这也是我想租房的一个原因。我做墨西哥菜很拿手，将来你可以尝尝我的手艺。

王　丽：到时候一定去。家具方面有什么要求吗？

马　丁：家具和电器齐全就可以了，床上用品我自己买。

王　丽：好，我尽力为您找吧。

注释

墨西哥（Mòxīgē）　Mexico，北美洲的一个国家。

语句理解与练习（2-1）

1. <u>最好</u>离公司不远，步行不超过十分钟。

    副词"最好"表示（某种做法）最为适当。如：

    (1) 这件事你最好问问总经理，不要一个人决定。

    (2) 你最好早点儿起床，千万不要迟到。

    用"最好"完成下面的对话：

    (1) 甲：都七点半了，他还没来，怎么办？

    　　乙：_____。

    (2) 甲：我想向她道歉（dào qiàn），可是她一直不接我的电话。

    　　乙：_____。

    (3) 甲：我想在公司附近的饭店请客，可是不知道那儿的饭菜怎么样。

    　　乙：_____。

    (4) 甲：这件衣服看起来很漂亮，不知道我穿是不是合适。

    　　乙：_____。

2. 我做墨西哥菜很<u>拿手</u>。

    形容词"拿手"表示（对某种技术或技艺）特别擅长，做起来最有把握。如：

    (1) 她的拿手菜是麻婆豆腐（mápó dòufu）。

(2) 表演魔术（móshù）是我们部门的拿手节目。

(3) 唱京剧是他的拿手好戏。

请你说说：

(1) 介绍你会做的拿手菜。

(2) 说说你做什么事情最拿手。

3. 好，我<u>尽力</u>为您找吧。

副词"尽力"用在动词前面，表示尽最大努力去做。如：

(1) 你别担心，我们大家都会尽力帮助你的。

(2) 只要有一点点希望，我们也要尽力去争取。

用"尽力"完成下面的会话：

(1) 甲：你能不能考上公务员？

乙：_____。

(2) 甲：你能帮我买到明天的火车票吗？

乙：_____。

(3) 甲：我的电视机出了一点儿毛病，你会修吗？

乙：_____。

(4) 甲：你能让他跟我们一起去旅行吗？

乙：_____。

练习

1. 根据课文回答下面的问题：

(1) 马丁在租房方面有什么要求？

(2) 马丁会做什么菜？

2. 根据课文，写出马丁对租房的要求：

交通	
房间	
家具	
电器用品	
床上用品	

会话篇（二）

住在这里真是太方便了

词语准备（2-2）

1	房东	名	fángdōng	landlord
2	远方	名	yuǎnfāng	distance；far away
3	客人	名	kèren	guest
4	女士	名	nǚshì	lady；madam
5	齐备	形	qíbèi	all ready；complete
6	租金	名	zūjīn	rental
7	同事	名	tóngshì	workmate
8	签	动	qiān	to sign
9	合同	名	hétong	contract

室内用品相关词语

1	双人床	名	shuāngrénchuáng	double bed
2	衣柜	名	yīguì	wardrobe
3	书柜	名	shūguì	bookcase
4	写字台	名	xiězìtái	desk
5	饭桌	名	fànzhuō	dining table
6	沙发	名	shāfā	sofa
7	空调	名	kōngtiáo	air conditioner
8	电冰箱	名	diànbīngxiāng	refrigerator
9	洗衣机	名	xǐyījī	washer；washing machine
10	电视机	名	diànshìjī	television
11	电话	名	diànhuà	telephone
12	录音机	名	lùyīnjī	tape recorder

会话课文

王　丽：马丁先生，您让我帮您租的房子已经找到了。等您方便的时候，我带您去看看。

马　丁：还等什么？说去就去。

王　丽：那我跟房东联系一下。（打手机）好了，没问题，我们一起去看看吧。（带马丁来到一处住房）我们到了，就在这儿。（按门铃）阿姨，您好！我是王丽，这位就是想租房子的马丁先生。

女房东：请进！欢迎您这位远方来的客人。

马　丁：您好！我不知道该怎么称呼您，叫您"房东"好像不太合适。

女房东：我姓张。

马　丁：那我就叫您张女士吧。张女士，您的房间很干净，也很漂亮。

女房东： 如果您满意，就该说"我"的房间了。随便看看吧，我这里家具样样齐备，看，双人床、衣柜、书柜、写字台、饭桌、沙发……

马　丁： 哦！这儿的电器也很多，有空调、电冰箱、洗衣机、电视机、电话、录音机……还有DVD，真是什么都有了！

女房东： 您看还需要什么，可以跟我商量。

马　丁： 关于租金，我的这位同事已经告诉我了，我想没问题。

女房东： 太好了！要是您想租的话，可以随时来签合同。这是我的电话号码。

语句理解与练习（2-2）

1. 等您**方便**的时候，我带您去看看。

"方便"在不同的语境中有不同的意思。在这里，"方便"的意思是指"有空儿"，有适当的时间去做某事。语气比较委婉。如：

(1) 对方公司的样机已经到了，您什么时候方便？我们去验货。

(2) 您父亲心脏有点儿问题。看他什么时候方便，得去医院查一下。

朗读下面的句子，判断句子中的"方便"在意思和词性方面有什么不同：

(1) 这里的交通很方便。

(2) 一个个新建的超市方便了大家。

(3) 在这么多人面前说有点儿不方便。

(4) 我们的车在这儿停十分钟，大家可以下车方便一下儿。

2. 还等什么？**说去就去**。

"说A就A"表示马上按所说的去做。有时也表示某种事情突然发生或很容易发生。如：

(1) 甲：听说附近又新开了一家超市，什么时候咱们去看看？

　　乙：好哇，说去就去。

(2) 这儿的天气很怪，说下雨就下雨。

(3) 她的身体不太好，说感冒就感冒。

> 用"说 A 就 A"加上下面的词语各说一句话：

(1) 买：_____。

(2) 哭：_____。

(3) 走：_____。

(4) 干：_____。

(5) 退出：_____。

(6) 回家：_____。

3. 我这里家具样样齐备。

"样样"表示"每一样"，包含所有的种类。如：

(1) 我这里民族乐器（yuèqì）、西洋乐器样样有，你随便选。

(2) 他是我们这家饭店的名厨，南北风味的烹调（pēngtiáo）样样在行。

> 用下面的词语各说一句完整的话：

(1) 样样齐备：_____。

(2) 样样第一：_____。

(3) 样样出色：_____。

(4) 样样精彩：_____。

(5) 样样在行：_____。

(6) 样样精通（jīngtōng）：_____。

介绍房屋常用的语句

一、熟读下面的句子：

1	房子离您的公司不远，走路五分钟就到了。
2	我们为您推荐的房子就在这座楼里。
3	那是一座六层的公寓楼。

4	您的房子在三层。
5	这是一套两居室的房子,一间是卧室,另一间是书房。
6	这边是客厅,那边是餐厅。
7	餐厅的右边是厨房,对面是卫生间。
8	这里灶具(zàojù)、餐具样样齐备。
9	房间里各种电器、家具都有。

二、选用上面的语句,边画图边介绍你现在住的房子。

练习

1. 根据课文回答下面的问题:

(1) 马丁觉得这个房子怎么样?

(2) 马丁是这个房子的客人还是主人?

2. 课文中没提到哪些家具和家用电器?请补充:

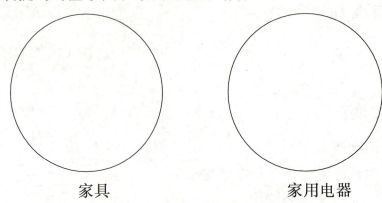

家具　　　　　　　　　家用电器

3. 模仿马丁的口吻,叙述自己看房的经过。

阅读篇

很难完成的任务

词语准备(2-3)

1	任务	名	rènwù	task
2	布置	动	bùzhì	to assign
3	临时	副、形	línshí	temporary
4	办事处	名	bànshìchù	office
5	符合	动	fúhé	to accord with
6	靠近	动	kàojìn	to be close to
7	商业区	名	shāngyèqū	business district
8	及时	形、副	jíshí	in time
9	行情	名	hángqíng	(market) quotation
10	便利	形	biànlì	convenient
11	尽量	副	jǐnliàng	as much as possible
12	四通八达		sì tōng bā dá	reach everywhere
13	提醒	动	tíxǐng	to remind
14	堵车		dǔ chē	to be traffic-jammed
15	地段	名	dìduàn	section; area
16	耽误	动	dānwu	to delay
17	业务	名	yèwù	business
18	固定	形	gùdìng	constant

19	车位	名	chēwèi	parking space
20	楼层	名	lóucéng	floor
21	价位	名	jiàwèi	price
22	适中	形	shìzhōng	moderate

阅读课文

这是老板布置给我的任务：我们公司要在这座城市发展，老板让我要先到这里找一处房子，作为公司的临时办事处。

找房子并不难，可是老板说了，我找的房子，必须符合下面的条件：

第一，要靠近商业区，最好在市中心附近，这样可以及时了解市场行情，也方便我们在那里生活。千万不能离商店太远，别为买一块钱的东西走二十分钟的路。

第二，交通便利，出门就能坐上公共汽车，还要离地铁站不远，老板说了，出门办事，尽量不打车。现在城市里公共交通四通八达，又方便又便宜。不过老板也提醒说，别找容易堵车的地段，那样有时会耽误事。

第三，办事处附近要有公共停车场，客人来联系业务时，要有地方停车。要是能有固定车位更好，免得客人来时，到处找车位，影响客人情绪。

第四，楼层不能太高也不能太低，以四层、五层为宜。楼层太低了不安全，太高了也有不方便的地方，万一停电了，还得一步一步走上去。

最后，价位要适中，不能太贵，当然，越便宜越好。

各位朋友，到哪儿去找这样的房子？

语句理解与练习（2-3）

1. 老板让我先到这里找一处房子，<u>作为</u>公司的临时办事处。

   动词"作为"用在名词性词语前面，表示"当做"。如：
   （1）我的专业是经济管理，对音乐的研究只是作为一种业余（yèyú）爱好。
   （2）他把在麦当劳打工作为自己走上社会的第一步。

   用上"作为"回答下面的问题：
   （1）你把什么作为你的人生目标（mùbiāo）？
   （2）你把什么作为你的业余爱好？

2. <u>千万</u>不要离商店太远。

   "千万"作副词，表示一定要，必须。有劝告、叮嘱、请求的语气。多与"要"或"别、不"等词语连用，加强肯定或否定的语气。如：
   （1）运送这种贵重物品千万要小心，摔碎了咱们可赔不起。
   （2）那家公司做买卖不讲信誉（xìnyù），千万别跟他们合作。
   （3）这是商业机密，千万不能泄露（xièlòu）出去。

   用下面的词语各说一句完整的话：
   （1）千万不要：_____。
   （2）千万不能：_____。
   （3）千万别：_____。
   （4）千万要：_____。

3. 楼层不能太高也不能太低，<u>以</u>四层、五层<u>为宜</u>。

   "以……为宜"表示判断，认为某一行为是最合适的。如：
   （1）由于长期美元理财产品风险比较大，投资者应以选择3至6个月的短期产品为宜。
   （2）从新年股票市场的震荡（zhèndàng）走势（zǒushì）看，投资者还是以暂时观望为宜。

📝 **辩论：你是否赞同下面的论点？说出你的理由：**

（1）减肥，以少吃多餐为宜。

（2）高血压病人的运动以快走为宜。

4. **万一**停电了，还得一步一步走上去。

"万一"表示可能性极小的假设。用于不希望发生的事。如：

（1）你不带雨伞，万一下起雨来可就麻烦了。

（2）咱们再核对一下数字吧，万一算错了，就别打算在公司干下去了。

📝 **完成下面的句子：**

（1）你最好多带几件衣服，万一_____。

（2）你能肯定他会同意吗？万一_____。

（3）你去之前还是给他打个电话吧，万一_____。

（4）我们对谈判要做好失败的心理准备，万一_____。

📖 **练习**

1. 下面哪句话不是老板的要求？

（1）要找的房子必须靠近商业区

（2）要在市中心找房子

（3）职工在那里生活要方便

（4）房子要离商店近一些

2. 作为办事处，要找的房子最好：

（1）离公共汽车站近

（2）在地铁站附近

（3）在堵车的地段

（4）在交通便利的地段

3. 选词填空：

(1) 这件事你（　　）别告诉他，他会很生气的。　　　（千万　万一）

(2)（　　）找不到自己住的饭店，可以打110找警察帮助。（千万　万一）

(3) 你（　　）的时候请给我回个电话。　　　　　　　（方便　便利）

(4) 市政府要求居民区每隔200米要有一家（　　）店。（方便　便利）

(5) 我一定（　　）照顾好你的女儿。　　　　　　　　（尽量　尽力）

(6) 写文章（　　）要简短些。　　　　　　　　　　　（尽量　尽力）

4. 根据课文回答下面的问题：

(1) 老板提出了租房的哪几个条件？

(2) 老板为什么提出这样几个条件？

(3) "我"觉得找到这样的房子容易吗？为什么？

综合练习

一、听录音，然后从ABCD四个选项中选择最恰当的答案：

1. 经理选择的是哪一处房子？

   A. 郊区小镇上的　　　　　　B. 市中心马路边的

   C. 都没选　　　　　　　　　D. 电子一条街上的

2. 男士和女士什么时间打的电话？

   A. 早上上班前　　　　　　　B. 晚上下班后

   C. 中午午休时　　　　　　　D. 上午上班时

二、听录音，然后从ABCD四个选项中选择最恰当的答案：

1. 要是贷款买房，一个月至少要还：

   A. 一万　　　　　　　　　　B. 一千二

   C. 二十万　　　　　　　　　D. 两千

2. 贷款买房的人害怕和担心的事情很多，下面哪一种文章中没有谈到？
　　A. 担心失业　　　　　　　　B. 害怕银行涨息
　　C. 不能去旅行　　　　　　　D. 不敢娱乐

三、选择下面的动词填空：

　　　　符合　　超过　　布置　　靠近　　提醒　　耽误

1. 你这样做不（　　）我们国家的习惯。
2. 这是老板（　　）的任务，必须完成。
3. 我（　　）你很多次了，你怎么总是记不住？
4. 我们不能因为打工而（　　）学习。
5. 我们的公司（　　）海边，空气非常好。
6. 我们厂今年的产量肯定能（　　）去年。

四、给下面的几组词语注上拼音：

1. 行情（　　）　　2. 便宜（　　）　　3. 尽力（　　）
　 步行（　　）　　　 方便（　　）　　　 尽量（　　）

五、把你学过的有关词语填写在后面的空格内：

厅	餐厅	客厅				
房	书房	厨房				

六、阅读下面的几篇短文，然后模仿短文为自己或公司写一个租房启事：

求　　租

　　本人因工作需要，希望在市中心长期租用二室一厅房屋一套，要求家具电器齐全。有意者电话联系，价格面议。免中介。
　　联系人：王女士
　　联系电话：13554007007

合租启事

　　北京动物园附近有一套两居室公寓，水电暖齐全，交通方便，住处安全，房费月租四千八百元。欲寻一位性格文静、有固定职业的女士合租，房费分摊。有意合租者请发电子邮件联系。恕不署名。

　　e-mail：13149988@163.com

急　　租

　　本公司求租50平方米左右办公用房，200平方米库房，两处距离不超过两公里，火车站或高速公路附近最佳。办公用房要求采光好，周围环境优美。愿出租者请速与我公司联系，预约商洽时间。

　　联系人：张先生

　　联系电话：66886699

七、阅读短文，然后回答下面的问题：

　　买房与租房各有利弊（lìbì），关键（guānjiàn）是要权衡（quánhéng）个人实际经济条件。有专家指出，在很多国家刚刚参加工作的年轻人中流行的住房时尚（shíshàng）是先租房后买房，这是市场经济社会中被提倡（tíchàng）的住房消费观念。

　　刚刚参加工作的年轻人适合租房。虽然很多人的父母愿意为子女提供买房的首付款（shǒufùkuǎn），但是在公司工作两年的小王认为，毕业后本应该开始回报父母，如果还一味向父母要钱来买房，总觉得心里不安。

　　工作流动性大的人适合租房。因为过早买房，如果工作调动，出现单位与住处距离较远的情况，每月就会花费一大笔交通费用。从事广告工作的小李就认为，与人合租是一个不错的选择。

　　收入不稳定（wěndìng）的人适合租房。如果不结合实际考虑经济条件，盲目（mángmù）贷款（dàikuǎn）买房，很可能会出现月收入不够还贷的情况，还有可能因无法还贷而使房产被银行没收（mòshōu）。

问题：

1. 什么样的年轻人不适合买房？

2. 国外年轻人喜欢租房还是买房？

3. 过早买房的弊病（bìbìng）是什么？

八、调查：

请向你周围的人做一份有关居住情况的调查，将调查结果填入下面的表格，然后分析一下原因（如果有可能，可做多份调查，最后做统计）：

项　　目	目前情况	希望目标	原因
地理位置			
交通情况			
居室面积			
家用电器			
洗浴设施			
取暖设施			
厨房设备			
各种家具			
安全设施			

九、说明：

作为一位部门经理，你要求一位职员代表公司去租一处办公用房，你向这位职员详细说明租房的条件：

1. 房屋的地段；

2. 交通方面的要求；

3. 房屋的面积；

4. 房屋里面的设备和办公用品；

5. 其他。

十、请你说说：

在出现下面情况的时候，你会怎么做？

1. 门外有人敲门，然后不停地向你推销某种产品；

2. 有人告诉你他是收费员，可是你不知道该不该由自己交这一费用；

3. 你住的楼房发生了火灾或遭遇了地震；

4. 你住的楼房发生了停电事故，整个楼房一片漆黑。

附 录

介绍与自我介绍常用语

1. 这位是我们广告部刚刚招聘的张强。
2. 这位是我们公司的董事长赵勇强先生。
3. 我来介绍一下，这位是新来的王娜，大家欢迎。
4. 小张，你向大家做个自我介绍吧。
5. 刘经理今天刚刚上任，各位做个自我介绍吧。
6. 你们还没见过面吧，我来给你们介绍介绍。
7. 来，认识一下，这位就是有名的"女强人"张女士。
8. 我是接待部职员王立春，这是我的名片。
9. 我大学刚刚毕业，应聘到咱们公司工作。
10. 我是刚刚从海外回来的，在国外有过三年的工作经历。

第三课 交通工具

课前热身

1. 你有过包车旅游的经历吗？
2. 如果你有钱，你喜欢买车还是租车？

课 文

会话篇（一）

包车一天要多少钱？

词语准备（3-1）

1	包车		bāo chē	to charter a vehicle（bus，car，etc.）
2	游	动	yóu	to tour
3	租赁	动	zūlìn	to rent out；to lease
4	估计	动	gūjì	to reckon；to estimate
5	网	名	wǎng	internet
6	方式	名	fāngshì	way
7	付（钱）	动	fù (qián)	to pay
8	订金	名	dìngjīn	deposit

汽车品牌

1	捷达	Jiédá	JETTA
2	索纳塔	Suǒnàtǎ	SONATA
3	桑塔纳	Sāngtǎnà	SANTANA
4	奥迪	Àodí	AUDI
5	奔驰	Bēnchí	BENZ

会话课文

马　丁：王小姐，我有两个朋友在南京工作，听说我来北京了，要到这里来看我，我想带他们一起在北京一日游。

王　丽：您想带他们去哪些地方呀？

马　丁：天安门、故宫是非看不可的，有时间的话，还想去天坛和颐和园。

王　丽：哎呀！天坛和颐和园，一个在南边，一个在北边，你们准备怎么去呀？

马　丁：能不能包一辆车？

王　丽：这得跟汽车租赁公司联系。

马　丁：包车一天要多少钱？

王　丽：那要看您包什么车了。要是租个便宜，像捷达、索纳塔、桑塔纳什么的，我想一天几百块钱也就够了；要是租奥迪、奔驰，估计钱少不了。

马　丁：租个一般的车就行了。我怎么跟租车公司联系？

王　丽：您可以到网上查公司的联系方式，然后跟他们电话联系。

马　丁：包车要先付钱吗？

王　丽：一般要先付一部分订金。

注释

1. **故宫**（Gùgōng） 一般指北京故宫，旧称"紫禁城"，是明清两代的皇宫。
2. **天坛**（Tiāntán） 位于北京，是明清两代用以祭天和祈祷丰收的建筑。
3. **颐和园**（Yíhé Yuán） 在北京西郊，是清代皇家园林，现为著名游览胜地。

语句理解与练习（3-1）

1. 天安门、故宫是**非看不可**的。

"非……不可"表示不这样不行。一定要；必须。有时也表示某事一定会发生。如：

（1）这次的活动很重要，你非去不可。
（2）要学好语言，非下苦功不可。
（3）这么热的天去爬山，非中暑（zhòng shǔ）不可。

用"非……不可"完成下面的对话：

（1）甲：明天的会我不想去了。
　　　乙：_____。

（2）甲：这次考试我不参加行吗？
　　　乙：_____。

（3）甲：那么晚了，你怎么没让他们住下来？
　　　乙：_____。

（4）甲：他上班迟到的事，经理知道了吗？
　　　乙：_____。

2. **那要看您**包什么车了。

"那要看您……"指出事情的结果要看对方的意愿。如：

（1）甲：买什么饮料好呢？
　　　乙：那要看你喜欢什么口味的。

（1）甲：在中国，买个手机得多少钱？
　　　乙：那要看您买什么品牌（pǐnpái）的了。

用"那要看您（你）……"完成下面的对话：

(1) 甲：在这个饭馆儿吃饭贵吗？

乙：_____。

(2) 甲：买什么样的化妆品（huàzhuāngpǐn）好呢？

乙：_____。

(3) 甲：买新车好还是旧车好？

乙：_____。

(4) 甲：这个公司活儿累，可是工资（gōngzī）高，那个公司正好相反，我去哪个公司好呢？

乙：_____。

3. 像捷达、索纳塔、桑塔纳什么的，我想一天几百块钱也就够了。

"像……什么的"中间插入几个并列成分，表示列举。如：

(1) 我喜欢做面食，像包子、饺子、面条什么的，我都会做。

(2) 儿子最爱看体育比赛，像篮球、足球、乒乓球什么的，看起来没够。

用上"像……什么的"回答下面的问题：

(1) 你喜欢吃什么菜？

(2) 你爱看什么动画片？

(3) 你养过什么小动物？

练习

1. 根据课文回答下面的问题：

(1) 租什么车比较便宜？

(2) 怎样租车？

(3) 包车要先付钱吗？

2. 你知道下面这些汽车品牌的中文名字吗？请写在下面的表格中并加上拼音：

英文名字	中文名字	拼　　音
NISSAN		
TOYOTA		
BMW		
BUICK		
VOLVO		
PORSCHE		
CADILAC		

会话篇（二）

买车不如租车

词语准备（3-2）

1	做客		zuò kè	to be a guest or visitor
2	手续费	名	shǒuxùfèi	service fee
3	保险	名	bǎoxiǎn	insurance
4	定期	动	dìngqī	to set a time
5	保养	动	bǎoyǎng	to keep in good repair
6	平时	名	píngshí	in normal times, weekday
7	节假日	名	jiéjiàrì	festival and holiday
8	提前	动	tíqián	in advance
9	预订	动	yùdìng	to reserve

第三课　交通工具

会话课文

（王丽开车接马丁去她家做客）

马　丁：王丽？这是你的车吗？怎么没见你开过？

王　丽：这不是我的车，是在汽车租赁公司租的。

马　丁：你什么时候学会开车的？

王　丽：学了好几年了，不过一直没有买车。

马　丁：你想什么时候买车？

王　丽：还没决定。我觉得现在这样挺好。我家离公司这么近，平时用不着开车，周末的时候想开了，就去租一辆开着玩儿玩儿。

马　丁：你为什么不买车？

王　丽：有自己的车虽然好，可是买了车以后，麻烦事也不少。先不说要交各种手续费，每年还要交保险什么的，还要定期去保养，真不如租车方便。所以人们常说："买车不如租车，租车不如打车。"

马　丁：什么时候想租车都行吗？办手续方便吗？

王　丽：平时租车很方便，不过，节假日租车的人多，得提前预订。

马　丁：看来租车也不错。以后周末的时候，我也租一辆车出去玩儿玩儿。

语句理解与练习（3-2）

1. 什么时候学会开车的？

"（是）什么时候……的"询问动作发生的时间。前面的"是"可以省略。如：

(1) 他们（是）什么时候出发的？

(2) 你（是）什么时候告诉他的？

根据下面的句子提问：

(1) 我是去年来的。

(2) 我是刚刚知道的。

(3) 他是三年以前毕业的。

(4) 他去世已经一年了。

2. 学了**好几**年了，不过一直没有买车。

"好几……"用在数量词、时间词前面，表示很多。如：

(1) 买这双鞋花了好几百块。

(2) 她走了有好几个月了。

(3) 我们有好几年没见面了。

用下面的词语各说一句完整的话：

(1) 好几天：＿＿＿＿＿＿＿＿＿＿＿＿＿＿＿＿＿＿＿＿＿＿＿。

(2) 好几千：＿＿＿＿＿＿＿＿＿＿＿＿＿＿＿＿＿＿＿＿＿＿＿。

(3) 好几桌：＿＿＿＿＿＿＿＿＿＿＿＿＿＿＿＿＿＿＿＿＿＿＿。

(4) 好几瓶：＿＿＿＿＿＿＿＿＿＿＿＿＿＿＿＿＿＿＿＿＿＿＿。

3. **看来**租车也不错。

"看来"是插入语，根据前面说到的或客观情况作出估计、判断。如：

(1) 天阴得厉害，看来要下雨。

(2) 甲：生鱼片他一口也没吃。

　　乙：看来他不喜欢吃生鱼片。

用"看来"完成下面的对话：

(1) 甲：她的男朋友好久没来了。

　　乙：＿＿＿＿＿＿＿＿＿＿＿＿＿＿＿＿＿＿＿＿＿＿＿。

(2) 甲：那个男同学老给她打电话。

　　乙：＿＿＿＿＿＿＿＿＿＿＿＿＿＿＿＿＿＿＿＿＿＿＿。

(3) 甲：他最近一直没有抽烟。

乙：_____。

(4) 甲：他今天一句话也没说。

乙：_____。

练习

1. 根据课文回答下面的问题：

(1) 王丽开的是谁的车？

(2) 王丽为什么一直没有买车？

2. 用王丽的口吻，谈谈自己为什么不买车。

3. 根据实际情况回答下面的问题：

(1) 你会开车吗？什么时候学会开车的？

(2) 如果你留在中国的公司工作，你会不会买车？

(3) 你知道在中国怎样租车吗？

4. 辩论：你对"买车不如租车，租车不如打车"怎么看？

阅读篇

新的生活方式

词语准备（3-3）

1	驾驶证	名	jiàshǐzhèng	driver's license
2	种	量	zhǒng	(measure word) kinds of
3	属于	动	shǔyú	to belong to
4	轿车	名	jiàochē	car

5	驾	动	jià	to drive
6	出游	动	chūyóu	to go for an outing, to go on a journey
7	采摘	动	cǎizhāi	to pick
8	呼吸	动	hūxī	to breathe
9	新鲜	形	xīnxiān	fresh
10	迎来送往		yíng lái sòng wǎng	to welcome and send off
11	婚（事）	名	hūn (shì)	wedding
12	丧（事）	名	sāng (shì)	funeral
13	上路		shàng lù	to drive to the road
14	增强	动	zēngqiáng	to strengthen
15	自信心	名	zìxìnxīn	confidence
16	身份证	名	shēnfènzhèng	ID card
17	押金	名	yājīn	deposit
18	部	量	bù	(a measure word for cars, cellphones, etc.)
19	随心所欲		suí xīn suǒ yù	doing as one likes

阅读课文

在现代城市中，越来越多的人学会了开车，有了自己的驾驶证。但是由于种种原因，很多人还没有一辆属于自己的轿车。于是，汽车租赁业务开始在城市里发展起来。租车成为现代城市中一些人新的生活方式。

平时忙工作，周末租个车带全家人一起驾车出游，到自己喜欢去的地方游山玩水，采摘水果，呼吸呼吸新鲜空气，不是一件很快乐的事情吗？

家里迎来送往，或者遇到婚丧大事，需要临时用车，这时租个车就方便多了。

> 学会了开车，拿了驾驶证，买了新车，可是没有上路的经验，看着路上那么多车，还真怕别的车碰了自己的新车。租个车先练练，等增强了自信心再说。
>
> 办理汽车租赁业务很简单，您只需要带上驾驶证、身份证等，再加上押金，签一份租车合同，就可以得到一部你喜欢的轿车，日租月租也好，长期租赁也好，您可以随心所欲。

语句理解与练习（3-3）

1. **不是**一件很快乐的事情**吗**？

   "不是……吗"表示反问，加强肯定的语气。如：

   （1）那个公园你不是去过吗？

   （2）我不是告诉你不要买吗？

   用"不是……吗"改写下面的句子：

   （1）那道题你问过老师了。⇒ _____。

   （2）生鱼片你过去吃过。⇒ _____。

   （3）你说过你很喜欢她。⇒ _____。

   （4）那本书她给你了。⇒ _____。

2. **等**增强了自信心**再说**。

   "等……再说"表示留到以后某一时候再考虑。如：

   （1）甲：你什么时候结婚？

   　　乙：等有一个稳定（wěndìng）的工作再说吧。

   （2）甲：咱们去新加坡旅行吧。

   　　乙：等放假再说。

   用下面的短语各说一组对话：

   （1）等雨停了再说

(2) 等有钱了再说

(3) 等你考上大学再说

(4) 等警察来了再说

3. 日租月租**也好**，长期租赁**也好**，您可以随心所欲。

连用两个"也好"表示在任何情况下都如此。如：

(1) 明天下雨也好，不下雨也好，我们都要去长城。

(2) 坐车去也好，骑车去也好，你们一定要准时到。

用"……也好，……也好"完成下面的对话：

(1) 甲：要是明天的比赛输了怎么办？

　　乙：_____。

(2) 甲：我不知道今天晚上能不能去。

　　乙：_____。

(3) 甲：我该学法语呢，还是学德语？

　　乙：_____。

(4) 甲：你想租房还是买房？

　　乙：_____。

1. 根据课文内容判断正误：

(1) 租车可以带全家人出游。（　　）

(2) 租车可以把车作为练车的工具。（　　）

(3) 租车可以增加收入。（　　）

(4) 租车可以接送客人。（　　）

2. 根据课文回答下面的问题：

(1) 为什么租车成为现代城市中一些人新的生活方式？

(2) 人们一般什么时候租车？租车做什么？

(3) 租车需要办什么手续？

综合练习

一、听录音，然后从ABCD四个选项中选择最恰当的答案：

1. 女士租的车一天要付多少钱？
   A. 500元　　　　B. 400元　　　　C. 450元　　　　D. 360元

2. 下面哪一个车牌号码有可能是女士乘坐的出租车的？

京C·14688	京C·14688	京B·14868	京B·61468
A	B	C	D

二、听录音，然后从ABCD四个选项中选出最恰当的答案：

1. 在北京打车，最怕的就是：
   A. 车费太贵　　　　B. 堵车　　　　C. 计价器出毛病

2. 坐地铁最让人感到不舒服的是：
   A. 车票太贵　　　　B. 车厢没有空调　　　　C. 人挤人

3. 坐公交车的好处是：
   A. 车票便宜　　　　B. 可以免费乘车　　　　C. 车里都有空调

三、选择下面的单音节动词填空：

游　租　付　抢　订

1. 你帮我（　　）一张去上海的飞机票。

2. 这顿饭我请客，我来（　　）钱。

3. 最近车位比较紧张，我得早点儿回去（　　）车位。

4. 我想（　　）一辆自行车去城里转转。

5. 我们参加了旅游公司的三日（　　　），去海边。

四、从课文中找出适当的名词填空：

增强（　　）　　采摘（　　）　　呼吸（　　）

属于（　　）　　办理（　　）　　预订（　　）

五、把你学过的有关词语填写在后面的空格内：

证	驾驶证	身份证				
车	轿车	汽车				
费	报名费	学费				

六、熟读下面的公司自我宣传常用语：

1. 本公司是经工商局批准注册的正规企业。

2. 本公司是一家专业从事汽车租赁的公司。

3. 我们的主要业务包括提供中高档车辆的包车业务。

4. 我们本着"诚信服务、客户至上"的宗旨，竭力为您提供全方位的、高效的汽车租赁服务。

5. 本公司以社会各界需要商务用车的个人、企事业单位等为服务对象。

6. 本公司由具有精湛专业技术和良好服务意识的高素质员工队伍组成。

7. 本公司服务宗旨：诚信服务、耐心指导、安全可靠，以优质的服务赢得广大客户的信赖。

8. 您只需要拨一个电话，本公司送车上门，服务到家。

9. 我们期待与您的合作，欢迎各界朋友惠顾。

10. 详情请浏览本公司的网站。

七、实践：

选用第六题里的部分语句，替换其中的词语，为你的虚拟（xūnǐ）公司作一个简单的宣传广告。

八、阅读短文，文章中有若干个空儿，每个空儿右边有 ABCD 四个词语，请选择最恰当的词语，填写在左边的空儿里：

北京顺达汽车租赁公司是通过汽车租赁行业（　　）、提供各种类型汽车租赁服务的企业。我公司坚持以"安全第一、（　　）第一"为宗旨，服务于本市市民、企事业单位、外商及外资企业等社会各界。我公司（　　）宝马、奥迪、奔驰、丰田、尼桑、帕萨特、捷达、别克、金龙大巴等各种（　　）车辆，根据客户不同需求提供各种优质车辆，为您提供全方位的、高效的汽车租赁服务。我公司的主要（　　）包括：向各类企事业单位以及个人提供考察、参观、会议、展览包车的业务；为各外企代表处、外资企业提供各类长短期包车；为（　　）各类节庆活动的组织提供节庆活动的工作用车、贵宾接待专车；婚庆喜庆高档车出租；提供团体旅游包车，从 2 人到 55 人的各类车辆；各类车型的机场接机、送机业务，长期包租用车及北京市民自驾用车。

我公司由具有专业技术和良好服务（　　）的高素质员工队伍组成，每年定期对员工进行专业培训、考核，驾驶员技术娴熟、礼貌热情，熟悉北京及周边的地理及人文环境，对长途线路也了如指掌。我们的服务口号是：用礼貌、周

A. 认识　B. 认证　C. 证明　D. 承认

A. 荣誉　B. 信念　C. 信誉　D. 名誉

A. 拥有　B. 享有　C. 只有　D. 具有

A. 华丽　B. 豪华　C. 宝贵　D. 昂贵

A. 事务　B. 成绩　C. 事情　D. 业务

A. 举行　B. 举办　C. 创办　D. 兴办

A. 思想　B. 想法　C. 认识　D. 意识

到与热情的服务,让您满意、舒适、安全地度过每一天。我们（　　）恭候您的垂询或预订。

A.随时　B.随便　C.随意　D.时刻

九、说明：

你去汽车租赁公司租一辆旅游车,要求谈清以下内容：

1. 用车时间；
2. 乘车人数；
3. 所去之处；
4. 出发及回程时间；
5. 费用结算办法；
6. 押金。

十、请你说说：

在出现下面情况的时候,你会怎么做？

1. 你租了一辆汽车,在试车时发现车有毛病；
2. 带客人在旅游途中,你开的汽车被别的车撞了；
3. 你开车违反了交通规则,被警察罚款；
4. 朋友要带女朋友出去玩儿,向你借车。

附　录

询问常用语

1. 劳驾,去颐和园怎么走？
2. 请问,地铁站在哪儿？
3. 你知道旅游汽车公司的电话号码吗？

4. 请问，这儿是汽车租赁公司吗？

5. 是在这儿交费吗？

6. 您能告诉我经理的电话号码吗？

7. 明天的天气怎么样？

8. 哪儿卖北京游览图？

9. 你怎么了？

10. 发生什么事了？

11. 为什么要改变计划？

12. 要是明天下雨，我们去不去长城？

13. 你们想去颐和园还是圆明园？

14. 这儿离机场有多远？

15. 我们是几点的火车？

16. 到飞机场多少钱？

第四课　宴请与答谢

课前热身

1. 你有没有参加过招待会并在会上讲话？
2. 请介绍一下在你们国家参加宴会的礼仪。

课文

会话篇（一）

招待会是特意为您举办的

词语准备（4-1）

1	招待会	名	zhāodàihuì	reception
2	特意	副	tèyì	especially
3	举办	动	jǔbàn	to hold
4	足足	副	zúzú	fully
5	精神百倍		jīngshén bǎibèi	energetic
6	隆重	形	lóngzhòng	solemn
7	受宠若惊		shòu chǒng ruò jīng	to feel extremely flattered

8	辣	形	là	spicy
9	专门	副	zhuānmén	on purpose
10	致词		zhì cí	to make an address
11	场合	名	chǎnghé	occasion
12	何况	连	hékuàng	let alone
13	拜托	动	bàituō	to ask sb. to do sth.

会话课文

(王丽给马丁打电话)

王　丽：您休息好了吗？

马　丁：我睡了一大觉，足足有两个小时。现在可以说是精神百倍。

王　丽：那太好了！今天晚上公司有个隆重的招待会，是特意为您举办的。

马　丁：那我可有点儿受宠若惊了。

王　丽：招待会订在四川大酒楼，总经理知道您喜欢吃辣的，专门让我安排的。时间定在六点钟。您先准备一下，五点四十分，我来接您。

马　丁：没问题。

王　丽：总经理在会上要致欢迎词。总经理说，请您也讲几句。

马　丁：我可最怕在人多的场合讲话，一讲话就忘词，何况又是用汉语讲。

王　丽：讲您还是要讲的，而且我们也希望您能用汉语讲，实在不行，您也可以用英语说，我来给您翻译。

马　丁：那就拜托你了。

语句理解与练习（4-1）

1. 一讲话就忘词，**何况**又是用汉语讲。

"何况"是连词，在这里表示进一步申述或追加理由。后面常和"又"、"还"、"也"等词搭配使用。如：

(1) 你去接她一下，这儿不好找，何况她又是第一次来这儿。

(2) 唱一个吧，这里没有外人，何况你唱得也不错。

用"何况"完成下面的句子：

(1) 你应该多帮帮他，他是第一次来北京，_____。

(2) 这种考试对他来说很难，他从来没参加过这种考试，_____。

(3) 还是你来点菜吧，我对北方菜不太了解，_____。

(4) 你去给他们当导游吧，你来北京的时间比我长，_____。

2. 我们也希望您能用汉语讲，**实在不行**，您也可以用英语说。

"实在不行"用于口语句，表示如果这个办法不行，可以用另一办法或补救措施。如：

(1) 你先吃点儿药，实在不行，我送你去医院。

(2) 你先去商店看看能不能退货，实在不行，换一件也可以。

完成下面的句子：

(1) 你先去跟他们公司谈谈，实在不行，_____。

(2) 我们最好包一辆车，实在不行，_____。

(3) 您的电脑我们给您修一下，实在不行，_____。

3. 那就**拜托你了**。

"拜托你了"是口语句，请别人帮助自己做某事时的客气话。如：

(1) 你路过书店的时候，帮我买一本《现代汉语词典》，拜托你了。

(2) 你去上海的时候，把这封信交给她，拜托你了。

第四课 宴请与答谢

用"拜托你了"完成下面的对话：

(1) 甲：你放心，我一定帮你买到你需要的那种牙膏（yágāo）。
　　乙：_____。

(2) 甲：我去问问吧，你儿子考得不错，我想录取（lùqǔ）应该没有问题。
　　乙：_____。

(3) 甲：这些东西都是让我带给你父母的？
　　乙：_____。

练习

1. 根据课文内容判断正误：

(1) 马丁感到"受宠若惊"是说他很害怕。（　　）

(2) 王丽会提前二十分钟来接马丁。（　　）

(3) 四川菜的口味以辣为主。（　　）

(4) 马丁不会说汉语。（　　）

(5) 王丽是马丁的翻译。（　　）

2. 模仿马丁的语气，在众人面前说一段致词。

会话篇（二）

欢迎会上的答谢词

词语准备（4-2）

1	答谢词	名	dáxiècí	thank-you speech
2	同仁	名	tóngrén	colleague
3	荣幸	形	róngxìng	honored
4	合作	动	hézuò	to cooperate
5	促进	动	cùjìn	to promote

6	贸易	名	màoyì	trade
7	往来	动	wǎnglái	to contact
8	收益	名	shōuyì	profit
9	允许	动	yǔnxǔ	to allow
10	衷心	形	zhōngxīn	heartfelt；wholehearted
11	此外	连	cǐwài	besides
12	接待	动	jiēdài	to receive
13	感受	名、动	gǎnshòu	feeling；to feel
14	无微不至		wú wēi bú zhì	with great care
15	关怀	动	guānhuái	to care
16	周到	形	zhōudào	thoughtful
17	亲切	形	qīnqiè	kindly
18	温暖	形	wēnnuǎn	warm
19	投入	动	tóurù	to concentrate on
20	不断	副	búduàn	continuously
21	共同	形	gòngtóng	common
22	事业	名	shìyè	career
23	在座	动	zàizuò	to be present

会话课文

（马丁在招待会上致答谢词）

尊敬的总经理先生，尊敬的公司各位领导与各位同仁，女士们，先生们：

晚上好！

首先，作为我们公司的代表，和贵公司合作，我深表荣幸。我们公司与ABC公司合作已经有十几年了，我们之间的友好合作，促进了两国经济贸易的往来，我们两家公司也都在这种合作中不断发展，取得了很好的收益。请允许我代表我们公司向贵公司表示衷心的感谢！

此外，作为一个外国人，我要感谢贵公司对我的热情接待。从我来到贵国的第一天起，就感受到无微不至的关怀，贵公司无论从生活上还是工作上都做了周到的安排，让我感到就像回到家里一样亲切、温暖，而且能够马上投入到工作中去。

我希望在今后的工作中，我们能够继续愉快地合作。希望我们两个公司在各位的不断努力下，完成我们共同的事业。

最后，让我们举起酒杯，为我们共同的事业，为在座各位的身体健康——干杯！

谢谢大家！

注释

1. **尊敬（zūnjìng）的总经理先生**："尊敬"一词常用于各种会议（如欢迎会、招待会、谢师会等等）的致词中，对致词中所提到的人表示尊重。
2. **贵公司**："贵"是敬辞，称与对方有关的事物，如贵国、贵公司、贵校等等。

语句理解与练习（4-2）

1. **作为**我们公司的代表，和贵公司合作，我深表荣幸。

"作为"在这里是介词，用于句首，表示就人的某种身份或事物的某种性质来说。如：

（1）作为公司的经理，你应该事事为公司的利益着想（zhuóxiǎng）。

（2）作为一个新时代的青年，要有远大的理想。

（3）作为核心商务区，这里汇集了众多全球知名的大公司。

完成下面的句子：

（1）作为一名教师，＿＿＿＿＿＿＿＿＿＿＿＿＿＿＿＿＿＿＿＿。

（2）作为领导，＿＿＿＿＿＿＿＿＿＿＿＿＿＿＿＿＿＿＿＿＿＿。

（3）作为一种传统建筑，＿＿＿＿＿＿＿＿＿＿＿＿＿＿＿＿。

(4) 作为一种艺术品，_____。

2. 我**深表荣幸**。

"深"在这里表示程度。"深表荣幸"即表示非常荣幸，用于正式场合。如：

(1) 对双方关系的破裂，我们深表遗憾（yíhàn）。

(2) 对该公司的破产（pòchǎn），我们深表同情。

用下面的词语各说一句完整的话：

(1) 深表荣幸：_____。

(2) 深表遗憾：_____。

(3) 深表同情：_____。

(4) 深表欣慰（xīnwèi）：_____。

3. **从**我来到贵国的第一天**起**，……

"从……起"表示"从……开始"。如：

(1) 我宣布：从今天起开始戒烟（jiè yān）。

(2) 他从去年起就开始学习汉语了。

完成下面的句子：

(1) 从现在起，_____。

(2) 从下周起，_____。

(3) 从开始工作的第一天起，_____。

4. 贵公司**无论**从生活上**还是**工作上都做了周到的安排。

"无论……还是……"用于有选择关系的并列成分里，表示在任何条件下结果或结论是一样的，后面一般用"都"来呼应。如：

①无论老人还是孩子，都喜欢到社区的活动站去玩儿。

②无论刮风还是下雨，他都按时把报纸送到每一家。

用"无论……还是……"完成下面的会话：

(1) 甲：你每天都去跑步吗？

乙：_____。

(2) 甲：这件事对我们有好处还是对他们有好处？

乙：_____。

(3) 甲：他在小事上也是那么认真吗？

乙：_____。

(4) 甲：让她代替我去开会行吗？

乙：_____。

5. 让我感到就像回到家里一样亲切、温暖。

"像……一样"表示跟某一事物或某一情景相似。如：

(1) 足球比赛就要开始了，去看球的人像潮水一样涌（yǒng）进体育场。

(2) 一放暑假，她就像每年一样，带着孩子去世界各地旅行。

用下面的短语各说一句完整的话：

(1) 像妈妈一样：_____。

(2) 像过去一样：_____。

(3) 像初次见面一样：_____。

(4) 像喝了酒一样：_____。

招待会答谢词常用语句

一、从课文中找出招待会答谢词常用语句，写在下面的表格里：

1	
2	
3	
4	
5	

二、你还知道哪些招待会答谢词常用语句？请写在下面的表格里，然后和你的同学交流：

1	
2	
3	
4	
5	

三、把下面的词语扩展成招待会答谢词常用语句，填写在表格里：

代表　　荣幸　　衷心　　健康　　希望　　感谢

1	
2	
3	
4	
5	

练习

1. 选词填空：

> 感到　　感受　　感谢

（1）我首先要（　　）贵公司对我的热情接待。

（2）我到中国以后，（　　）到无微不至的关怀。

（3）贵公司周到的安排，让我（　　）就像回到家里一样。

2. 在学校为新同学举办的迎新会上，你要代表新生致答谢词。请用上下面的词语，写一篇答谢词：

尊敬　　荣幸　　感谢　　在座　　贵

第四课　宴请与答谢

阅读篇

宴会的礼节

词语准备（4-3）

1	礼节	名	lǐjié	etiquette
2	社交	名	shèjiāo	social contact; social intercourse
3	出席	动	chūxí	to attend
4	状况	名	zhuàngkuàng	state
5	难堪	形	nánkān	embarrassed
6	入席		rù xí	to be seated
7	规矩	名	guīju	rule
8	餐桌	名	cānzhuō	dinner table
9	过程	名	guòchéng	process
10	保持	动	bǎochí	to keep; to maintain
11	良好	形	liánghǎo	good; fine
12	上司	名	shàngsi	superior
13	适当	形	shìdàng	suitable
14	补充	动	bǔchōng	to supplement
15	必不可少		bì bù kě shǎo	necessary
16	调节	动	tiáojié	to adjust
17	气氛	名	qìfēn	atmosphere
18	讲究	形、动	jiǎngjiu	tasteful; to be particular about
19	增进	动	zēngjìn	to promote; to enhance
20	恭敬	形	gōngjìng	respectful
21	适度	形	shìdù	moderate
22	把握	动、名	bǎwò	to hold; certainty
23	强人所难		qiǎng rén suǒ nán	force sb to do what he is unwilling or unable to
24	勉强	动、形	miǎnqiǎng	to do with difficulty; reluctant
25	破坏	动	pòhuài	to disrupt; to destroy

阅读课文

宴会是社交的重要方式之一，出席宴会的人，了解宴会礼节是很必要的。

参加宴会一定不要迟到，一般来说，应当提前十分钟到达。即使是一般的宴会，迟到也是应该避免的。如果宴会场所离你出发的地方较远，你还应该考虑到交通状况，提前出门，万一遇上堵车，让大家等你一个人，那会使你感到很难堪。

宴会中入席是有规矩的。座位是事先安排好的。如果你到的时间比较早或重要客人来得晚，你不知该坐哪里，可以先坐在餐桌旁边的座椅上等候，等大家都到了，再由主人安排入座。

在宴会过程中，要注意与身边的人保持良好的关系，亲切地与他们交谈。当与上司同桌就餐时，你应该注意听上司与他人的交谈，必要时做一些适当的补充。

酒是宴会中必不可少的东西，敬酒是调节宴会气氛的一项重要内容，这在中国是特别讲究的。宴会的主人与客人之间互相敬酒，往往是增进感情的表示。因此，敬酒既要恭敬热情，又要适度把握，不要强人所难。当主人向你敬酒时，为了表达谢意，你也必须回敬主人。不会喝酒的人最好在宴会一开始就表明自己不会喝酒，如果勉强自己喝酒，万一喝醉了就会破坏宴会的气氛，发生不愉快的事情。

对商业谈判的双方来说，宴会气氛的好坏，有时会影响谈判双方的情绪。因此，千万不要把参加宴会看作是吃吃喝喝的事情，要把它当做谈判的一个组成部分。

语句理解与练习（4-3）

1. <u>一般来说</u>，应当提前十分钟到达。

    "一般来说"表示在通常的情况下。如：

    (1) 一般来说，工作年头多的人经验丰富一些。

    (2) 一般来说，北京的夏季很少刮大风。

    用"一般来说"回答下面的提问：

    (1) 你的同事中午在办公室休息吗？

    (2) 买的内衣有质量问题可以退吗？

    (3) 你们总经理什么时候在他的办公室？

2. <u>即使</u>是一般的宴会，迟到<u>也</u>是应该避免的。

    "即使……也……"中的"即使"是连词，表示一种假设情况；后面多跟"也"，表示结果或结论不受这种情况的影响。如：

    (1) 即使明天下雨，我们也要去长城。

    (2) 学习语言要大胆地说，即使说错了也不要紧。

    用"即使……也……"完成下面的对话：

    (1) 甲：老板，您让我们翻译的文件太多，今天可能翻不完。

    　　乙：_____。

    (2) 甲：昨天要是我在场，你就不会被骗了。

    　　乙：_____。

    (3) 甲：回收问题产品，给公司造成的损失很大。

    　　乙：_____。

    (4) 甲：天气不好的时候，你也要出去跑步吗？

    　　乙：_____。

3. 敬酒<u>既</u>要恭敬热情，<u>又</u>要适度把握。

    "既……又……"连接两个并列的动词性或形容词性成分，表示两种情况并存。如：

(1) 他既是我们的老师，又是我们的朋友。

(2) 这样做既省事又省钱。

(3) 她既不漂亮，又不聪明，你怎么会看上她？

用上"既……又……"完成下面的句子：

(1) 这家公司的产品_____。

(2) 我们的经理_____。

(3) 我们的汉语课本_____。

(4) 这家商店的服务员_____。

4. 对商业谈判的双方来说，宴会气氛的好坏，有时会影响谈判双方的情绪。

"对……来说"表示从某人或某事的角度看。如：

(1) 对一些国家的学习者来说，汉语的声调确实比较难掌握。

(2) 对我来说，能从事一个自己喜欢的工作比其他条件都重要。

完成下面的句子：

(1) 对我来说，_____。

(2) 对孩子来说，_____。

(3) 对一个国家来说，_____。

(4) 对农业发展来说，_____。

5. 要把它当做谈判的一个组成部分。

"当做"多用于"把"字句和"被"字句，表示看成或作为。如：

(1) 他经常主动加班到半夜，把公司当做自己的家。

(2) 那些文件都被他当做废纸 (fèizhǐ) 扔掉了。

用"把……当做……"和"被……当做……"各说一句完整的话。

(1) 把……当做……：_____

(2) 被……当做……：_____

练习

1. 根据课文内容判断正误：

(1) 出席宴会的人，先到的先选座位。（　　）

(2) 和上司一起出席宴会的时候，不要过多地说话。（　　）

(3) 不会喝酒的人要事先表明自己不会喝酒。（　　）

(4) 如果主人向你敬酒，你必须回敬主人。（　　）

2. 根据课文回答下面的问题：

(1) 宴会的时候，入座之前应该注意什么？

(2) 宴会中敬酒有什么讲究？

(3) 喝酒在宴会中的作用有哪些？

3. 结合你们国家的习俗和你自己的经验，谈谈出席宴会应该注意的问题。

综合练习

一、听录音，然后从 ABCD 四个选项中选择最恰当的答案：

1. 招待会改在几点开始？

　　A. 六点　　B. 推迟十五分钟　　C. 六点半　　D. 六点一刻

2. 从对话中我们可以知道什么？

　　A. 男士让女士后天把欢迎词送来。

　　B. 男士让女士在第二天中午以前把欢迎词写好。

　　C. 女士答应第二天下班以前把欢迎词写好。

　　D. 男士明天下午开会时要用这份欢迎词。

二、听录音，边听边在下面的括号里填写数字或汉字：

李总给张经理打电话，告诉他自己现在在（　　）。说有一位客户这两天要去北京谈业务，让张经理接待一下。李总告诉张经理，客人（　　）号中午到北京，让张经理当天晚上以（　　）的名义宴请他，客人是（　　）人，喜欢吃（　　）的，宴会可以选在公司附近那家淮扬菜馆儿。李总说他（　　）天以后回北京。

三、把所给的词语按词性分列在下面的表格中：

专门　荣幸　收益　投入　周到　同仁　往来　不断
关怀　特意　接待　事业　贸易　亲切　温暖　无意

形容词				
动　词				
名　词				
副　词				

四、下面的词语都具有两种词性，如动词和名词，请用它们不同的词性，各造一个句子：

讲究（形）_____。
　　　（动）_____。
把握（名）_____。
　　　（动）_____。
勉强（形）_____。
　　　（动）_____。
合作（名）_____。
　　　（动）_____。
感受（名）_____。
　　　（动）_____。
作为（动）_____。
　　　（介）_____。

五、把你学过的有关词语填写在后面的空格内：

会	招待会	宴会				
词	答谢词	欢迎词				
方	双方	对方				

六、阅读短文，然后回答下面的问题：

在正式的商务宴请中，主客之间位次的排列是很有讲究的。作为主人，应当事先根据可能参加的客人的年龄和职位，安排好桌次和位次。而客人也应该了解主桌和次桌、主位和次位的区别。如果不清楚自己该坐哪里的时候，最好耐心等待主人的引导。

在正式宴会上，当出现两张以上的餐桌时，一般有以下特点：

（1）居中为上，比如说，如果有三张餐桌，中间的餐桌是为重要客人准备的。

（2）以右为上，如果有两张餐桌，靠右边的餐桌为主桌。

（3）以远为上，也就是说，离房间正门越远，位置越高。

餐桌坐次的安排一般是主人坐在房间正门中央位置，主人的右侧位置是主宾座位。宾主双方其他赴宴者有时候不必交叉安排，一般主人一方的赴宴者坐在主宾座位的左侧，客人一方的人坐在主人的右侧，也就是我们常说的主左宾右。

问题：

1. 你的老板请客，你作为老板的秘书，是否应该坐在老板的右侧？
2. 如果事先不知道座次的安排，是否可以随便找个座位坐下？
3. 你跟着老板去赴宴，应该坐在什么地方？

七、致词：

把下面句子按可能出现的先后顺序排列，然后连缀成一篇短小的致词：

1. 深表荣幸
2. 尊敬的各位同仁

3. 我希望

4. 为在座各位的身体健康

5. 很高兴参加这个招待会

八、实践：

给你的客人写一封邀请信，邀请他参加公司明天晚上的招待会，要求在邀请信上写明：

1. 招待会的时间、地点；

2. 招待会的目的；

3. 主要参加人员；

4. 接送时间、地点。

九、写作：

写一篇短文，谈谈酒在人际交往中的作用。

十、请你说说：

在出现下面情况的时候，你会怎么做？

1. 你在致词的时候，忽然忘了致词中的一个字的读音；

2. 你在与别人碰杯的时候，不小心把酒洒在对方的身上；

3. 你与一个人干杯的时候，过来5个人都要与你干杯；

4. 你的上司让你替他与别人干杯，而你的酒量有限。

附 录

欢迎常用语

1. 欢迎！欢迎！
2. 欢迎光临！
3. 欢迎您的到来！

4. 欢迎惠顾。
5. 欢迎各位嘉宾。
6. 对各位来宾的到来，我们表示热烈欢迎！
7. 我代表公司全体员工，向远道而来的客人表示最诚挚的欢迎！
8. 让我们用热烈的掌声，欢迎ABC公司的董事长先生。
9. 欢迎各位莅临指导。

第五课　买手机

课前热身

1. 你的手机是什么品牌的？
2. 你的手机号码是多少？

课 文

会话篇（一）

手机的品牌与款式

词语准备（5-1）

1	品牌	名	pǐnpái	brand
2	款式	名	kuǎnshì	style
3	空儿	名	kòngr	free time
4	建议	名、动	jiànyì	recommendation；to suggest
5	火	形	huǒ	popular
6	传统	形、名	chuántǒng	traditional；tradition
7	销路	名	xiāolù	sales event

8	看重	动	kànzhòng	to take a fancy to；to settle on
9	无线上网		wúxiàn shàng wǎng	wireless network
10	卫星	名	wèixīng	satellite
11	导航	动	dǎoháng	to navigate
12	落伍	动	luòwǔ	out of fashion

会话课文

马　丁：王丽，今天下午有空儿吗？我想买一个在中国使用的手机。

王　丽：没问题。您想买什么品牌的？

马　丁：我还没有想好。你有什么建议？

王　丽：现在3G手机卖得比较火。一些传统的品牌手机，销路也还不错。您对手机的功能有什么要求？

马　丁：其实我对手机没什么过多的要求，只要能接接电话、发发短信、拍拍照片、听听音乐就可以了。哎，对了，你现在用的是什么手机？

王　丽：我用的是iPhone 4手机。这种手机功能很多，有些功能怎么使用我也说不清，我主要看重它的无线上网和卫星导航功能，因为经常外出，买这种手机，出门在外用起来方便一些。

马　丁：看来我已经落伍了。

注释

1. 3G手机　通俗地说指第三代手机，是语言通信和多媒体通信相结合，并且包括图像、音乐、网页浏览、电话会议及其他一些信息服务的新一代移动通信系统。

2. iPhone 4手机　是一种新型手机，支持电子邮件、移动电话、短信、网络浏览以及其他的无线通讯服务。iPhone 4手机没有键盘，采用触摸屏（chùmōpíng）操作，由苹果公司推出。

语句理解与练习 (5-1)

1. 只要能接接电话、发发短信、拍拍照片、听听音乐就可以了。

    动词重叠加宾语构成并列成分，表示列举。如：
    (1) 爸爸退休以后，每天在家看看报纸、听听京剧，生活得很自在。
    (2) 下课以后要多复习，读读课文、写写汉字、听听录音，多练习就很容易记住了。

2. 哎，对了，你现在用的是什么手机？

    "对了"作独立语，表示忽然想起某事。如：
    (1) 好，现在下课吧。对了，把昨天的作业交给我。
    (2) 甲：包饺子的材料都准备齐了吗？
        乙：应该差不多了，面粉、肉馅儿、白菜，对了，忘了买姜。

    用"对了"完成下面的对话：
    (1) 甲：你带护照了吗？
        乙：_____。
    (2) 甲：你不是说要去银行吗？
        乙：_____。
    (3) 甲：你晚上的发言准备好了吗？
        乙：_____。
    (4) 甲：我现在去交网费。
        乙：_____。

3. 出门在外用起来方便一些。

    "起来"用在动词后作补语，有估计或着眼于某一方面的意思。如：
    (1) 看起来，对方公司不会答应这一报价。
    (2) 很多事情说起来容易做起来难。

    用下面的词语各说一句完整的话：
    (1) 吃起来：_____。

（2）跑起来：_____。

（3）开起来：_____。

（4）听起来：_____。

（5）用起来：_____。

练习

1. 根据课文内容判断正误：

（1）马丁希望手机功能越多越好。（　　）

（2）马丁认为 iPhone 4 手机用起来比较方便。（　　）

（3）王丽的手机功能很多。（　　）

（4）王丽对自己的手机都有什么功能也不太清楚。（　　）

2. 根据课文回答下面的问题：

（1）现在什么手机卖得比较火？

（2）王丽看重 iPhone 4 手机的哪些功能？

（3）马丁对手机的功能有哪些要求？

3. 根据实际情况回答下面的问题：

（1）你的手机有什么功能？

（2）在你们国家，哪几个品牌的手机比较流行？

会话篇（二）

选号费

词语准备（5-2）

1	选	动	xuǎn	to choose
2	款	量	kuǎn	(measure word) kind

3	价钱	名	jiàqian	price
4	相差	动	xiāngchà	to differ
5	甚至	副	shènzhì	even
6	吉利	形	jílì	lucky
7	数字	名	shùzì	number
8	发音	名	fāyīn	pronunciation
9	相似	形	xiāngsì	like；similar
10	发财		fā cái	to get rich
11	简谱	名	jiǎnpǔ	numbered musical notation

会话课文

(马丁在王丽的帮助下选好了一款手机)

马　丁：王丽，这选号费是怎么回事？看起来价钱相差很大。

王　丽：是啊，有的号只要几十块钱，有的就要几百甚至几千，比买手机还贵。

马　丁：为什么那么贵？

王　丽：很多中国人希望选一个吉利的数字。如果是大家都喜欢的数字，价位就高一些；如果是大家都认为不吉利的数字，相对来说，就比较便宜一些。

马　丁：那哪些数字是不吉利的数字呢？

王　丽：像"4"和"死"的发音差不多，"7"和"生气"的"气"发音相似，所以一般人不喜欢这两个数字。

马　丁：你看这个数字，里面有好几个"8"，选号费要800块！

王　丽：还有比这个贵的呢！中国人喜欢"8"，因为"8"和"发财"的"发"发音相近，谁不希望自己发财呢？

马　丁：这真有意思！我不在乎吉利不吉利，就要这个最便宜的号吧。

王　丽：这个号码里有很多"4"，可是也看怎么说。在音乐简谱里，"4"都要唱成"fā"，和"发财"的"发"同音，所以，444您也可以说成"发发发"。

马　丁：好吧，我就要这个"发发发"了，我们一起发财。

语句理解与练习（5-2）

1. 有的就要几百甚至几千。

"甚至"在这里是连词，放在并列的词语或小句的最后一项之前，突出这一项，有更进一层的意思。如：

(1) 这个故事大家都知道，在城市，在农村，甚至在偏远的山区都广为流传。

(2) 很多年轻人、老年人甚至幼儿园里的孩子都爱听这首歌。

2. 如果是大家都认为不吉利的数字，相对来说，就比较便宜一些。

"相对来说"表示经过比较后得出某一结论。如：

(1) 因为这儿的自然环境好，周围的文化场所也比较多，所以相对来说，房价比较高。

(2) 最近计算机方面的人才很受市场欢迎，相对来说，其他专业的人找工作不太容易。

3. 谁不希望自己发财呢？

"谁不希望……呢"是反问句，表示"人人都希望……"。如：

(1) 快要毕业的大学生们都在忙着去公司面试，谁不希望在一个有名的企业工作呢？

(2) 只要衣服式样好，贵点儿也有人买，谁不希望把自己打扮得漂亮一些呢？

📝 用"谁不希望……呢"改写下面的句子：

(1) 谁都希望有一个满意的工作。⇒ _____。

(2) 每个学生都希望考上名牌大学。⇒ _____。

(3) 大家都希望有一个温暖的家。⇒ _____。

4. 我**不在乎**吉利不吉利。

"不在乎"表示对所说的事情不重视，认为不重要。如：

(1) 我做我想做的事，不在乎别人怎么说。

(2) 我参加这次考试只是想看看自己的汉语水平，成绩好坏我不在乎。

📝 说说你对生活中的什么事情持一种"不在乎"的态度。

提示词：名牌、工资、奖金、房费

练习

1. 下面的数字对一些中国人来说都具有特殊的意义，你能猜出来吗？

| 168 | 520 | 995 | 888 | 555 | 1314 | 7456 | 886 |

2. 根据课文内容判断正误：

(1) 有时候选号费可能比买手机的费用还高。（　　）

(2) 手机的选号费只需要几十块钱。（　　）

(3) 很多中国人不喜欢4、7和8。（　　）

(4) 马丁喜欢号码中有8的数字。（　　）

3. 请你说说：

(1) 如果你能自由选号，你希望你的手机号码是什么号？

(2) 你会为选一个你喜欢的号码花费几百甚至几千块钱吗？为什么？

阅读篇

新时代的多功能手机

词语准备（5-3）

1	时代	名	shídài	times；epoch
2	拨	动	bō	to dial
3	更加	副	gèngjiā	more；even more
4	低廉	形	dīlián	cheap
5	价格	名	jiàgé	price
6	青睐	动	qīnglài	to bestow favour
7	轻巧	形	qīngqiǎo	light and handy
8	屏幕	名	píngmù	screen
9	美妙	形	měimiào	beautiful
10	铃	名	líng	bell
11	实用	形	shíyòng	practical
12	小型	形	xiǎoxíng	small-sized
13	超级	形	chāojí	super
14	具有	动	jùyǒu	to have
15	邮件	名	yóujiàn	mail
16	浏览	动	liúlǎn	to glance over
17	如此	代	rúcǐ	so；such
18	医学	名	yīxué	medical science
19	设置	动	shèzhì	to set up
20	警情	名	jǐngqíng	emergency
21	创意	名	chuàngyì	new idea
22	逐步	副	zhúbù	progressively
23	渐渐	副	jiànjiàn	gradually
24	显露	动	xiǎnlù	to appear
25	望而生畏		wàng ér shēng wèi	be terrified by the sight of sb. or sth.

手机的功能

1	时钟	shízhōng	clock
2	闹钟	nàozhōng	alarm clock
3	收音机	shōuyīnjī	radio
4	音乐播放器	yīnyuè bōfàngqì	music player
5	游戏机	yóuxìjī	video game player
6	照相机	zhàoxiàngjī	camera
7	摄像机	shèxiàngjī	video camera
8	电视机	diànshìjī	television
9	电脑	diànnǎo	computer
10	温度计	wēndùjì	thermograph
11	血压计	xuèyājì	sphygmomanometer
12	防盗器	fángdàoqì	burglar alarm
13	报警器	bàojǐngqì	warning indicators

阅读课文

前几年，手机刚开始流行的时候，只是被人们用来拨打和接听电话，以及发送短信等等。现在，新时代的手机，正在以不断增加的功能和更加低廉的价格受到越来越多的人的青睐。轻巧的机身，彩色的屏幕，美妙的铃声，加上各种实用的功能，像时钟、闹钟、收音机、音乐播放器、游戏机、照相机、摄像机、电视机，等等，真正实现了一机多能。更先进的手机已经向小型的超级电脑发展，具有收发邮件、互联网浏览等功能。

如此多的功能还不能使人们满足，他们对手机提出了更高的要求，希望手机能有更多的功能。有人提出可以给手机增加医学方面的功能，比如设置温度计、血压计，使出门在外的病人可以随时检查自己的身体；有人希望手机能成为防盗器或报警器，一旦出现警情会及时提醒手机的主人。在互联网上，经常可以看到一些很有创意的建议。

随着手机功能的逐步增多，一些问题也渐渐显露出来，一些用户因手机功能过多而望而生畏，也有一些用户担心手机使用中的安全性。

注释

互联网　internet，指由若干计算机网络相互连接而成的网络。

语句理解与练习（5-3）

1. 手机刚开始流行的时候，只是被人们用来拨打和接听电话，<u>以及</u>发送短信等等。

"以及"是连词，表示联合关系，可以连接并列的名词、动词、小句等。连接的成分可以有主次轻重之分（前面的多是主要的）、时间先后之分或不同类别的区分，以及前面可以停顿。多用于书面语。如：

(1) 本店经销（jīngxiāo）电视机、录音机、录像机，以及各种零件。
(2) 他问了我很多关于留学的问题：那里的饭菜怎么样，交通是不是拥挤，以及那里的大学生对留学生怎么样，等等。

用上下面的词语加上"以及"各说一句完整的话：

(1) 包子、饺子、面条儿：_____。
(2) 买菜、做饭、洗碗：_____。
(3) 他是哪里人、今年多大岁数、在哪个大学学习、父母是做什么工作的：
_____。

2. <u>一旦</u>出现警情会及时提醒手机的主人。

"一旦"在这里指不确定的时间，表示"如果有一天"。如：

(1) 楼道里堆放这么多物品，一旦发生火情人们怎么能跑出去？
(2) 多学几种语言没有坏处，一旦需要，马上就能用。

用下面的短语各说一句完整的话：

(1) 一旦失去了这份工作：_____。

(2) 一旦发生了交通事故：_____。

(3) 一旦有了机会：_____。

3. 一些用户因手机功能过多而望而生畏。

"因"和"而"，表示原因和由此产生的结果。多用于书面。如：

(1) 他因公司的不景气而失去了工作。

(2) 我们不能因工作遇到困难而放弃（qì）努力。

以"生活因……而精彩"为题说一段话。

提示词：你、爱情、付出、和谐、奉献

练习

1. 根据课文回答下面的问题：

(1) 什么是一机多能？

(2) 什么原因使一些人对手机望而生畏？

2. 介绍一下新时代的手机都有哪些功能。

3. 请你说说：

发挥你的想象，说说你希望未来的手机具备哪些功能。

综合练习

一、听录音，然后从 ABCD 四个选项中选择最恰当的答案：

1. 男士建议女士买什么品牌的手机？
   A. 质量最好的　　　　　　　　B. 最实用的
   C. 最受欢迎的　　　　　　　　D. 价位最高的

2. 男士的电话号码是多少？
   A. 133-3131-4520　　　　　　B. 133-1313-4520
   C. 133-3141-4520　　　　　　D. 131-3131-4520

二、听录音，边听边在下面的括号里填写数字或汉字：

男：喂！是丽丽吗？我是你老公啊！我刚刚路过（　　）路上的（　　）百货商场。这里正在举办满（　　）送（　　）的优惠活动。你现在能过来吗？

女：我在加班，经理说最早也要到（　　）才能下班。

男：那我怎么办？是在这儿（　　）还是（　　　　）？

女：你怎么那么笨哪！不会先给自己买点儿东西？

男：我不懂价格呀！这里的东西看起来好像都不便宜。

女：你呀！告诉我今天商场几点（　　）？

男：这里写着：因为有优惠活动，商场的营业时间延长到（　　　）。

女：太好了，我下班以后马上过去。

男：我在哪儿等你呀？

女：你（　　　　　）在商场（　　）的门口等我。

三、给下面的形容词搭配适当的词语：

传统的（　　）　　吉利的（　　）　　低廉的（　　）

轻巧的（　　）　　美妙的（　　）　　实用的（　　）

四、用下面的动词各造一个和手机有关的完整的句子：

1. 设置——

2. 具有——

3. 建议——

4. 青睐——

5. 浏览——

五、阅读短文，然后回答下面的问题：

　　手机的开发给人们的生活带来了方便，但是如果不能正确使用，也会给人们的生活带来不安全因素。

　　一些人一边开车一边接听电话，分散了注意力，很容易造成交通事故。

　　在加油站、油库、面粉厂等处使用手机，手机发出的信号很可能引发火灾或爆炸。

　　在飞机起飞或降落的时候拨打手机，会给航班带来危险。

　　在医院内使用手机，其信号会干扰医疗仪器的正常运行，也会影响病人的正常休息。

问题：

1. 什么时候不要拨打或接听手机？

2. 除了上面所说的情况以外，还有哪些情况下不能拨打或接听手机？

3. 在上述情况下，有人拨打或接听手机，你会怎么做？

六、请简单介绍下面各种电话的特点：

1. 无绳电话

2. 投币电话

3. IC卡电话

4. 移动电话

5. 可视电话

七、下面是你在拨打手机时常常能听到的语句，说说遇到下面的情况你该怎么办：

1. 您拨打的电话已关机。
2. 您拨打的电话不在服务区。
3. 您拨打的电话暂时无法接通，请稍后再拨。
4. 您拨打的电话正在通话中。
5. 您拨打的电话正在接转中，请不要挂机。
6. 对不起，没有这个电话号码。
7. 您拨打的电话已停机。

八、请你介绍：

1. 简单叙述手机的发展过程。
2. 使用手机的利弊。
3. 预测手机的未来发展趋势。

九、写作：

为公司写一篇广告词，宣传公司新推出的一款手机，要求写出其创新之处（可自由想象）。

十、请你说说：

在出现下面情况的时候，你会怎么做？

1. 你正在接听一个重要电话，手机突然没电了；
2. 你正在一个重要会议上讲话，你的手机铃声响了；
3. 你在出差时想给一个客户打电话，可是怎么也找不到他的电话号码；
4. 你的手机丢了，里面有很多重要信息，拾到手机的人向你索要高额费用。

附 录

产品介绍常用语

1. 这种品牌的知名度很高。
2. 这种产品迎合中高收入阶层的口味。
3. 我们的产品市场需求量很大,老少皆宜。
4. 这种产品在中国市场已经热销多年了。
5. 和同类产品相比,这种产品具有价格上的竞争力。
6. 这种产品外观小巧、秀丽,深受年轻女士的喜爱。
7. 我们的产品质量可靠,返修率极低。
8. 我们的产品面向工薪阶层,一般人都买得起。
9. 我们追求的是一种高品位。
10. 我们的产品包装精美,是馈赠亲友的佳品。

第六课　游　览

课前热身

1. 你去过长城吗？去过什么地方的长城？
2. 你在中国游览过哪些名山？
3. 你在中国买过哪些旅游纪念品？

课文

会话篇（一）

北京的长城

词语准备（6-1）

1	向导	名	xiàngdǎo	guide
2	游览	动	yóulǎn	to go sightseeing
3	景点	名	jǐngdiǎn	scenic spots
4	现存	动	xiàncún	extant
5	保存	动	bǎocún	to preserve
6	气势	名	qìshì	momentum

7	游客	名	yóukè	visitor
8	短期	名	duǎnqī	short-term
9	选择	动	xuǎnzé	to choose；selection
10	破旧	形	pòjiù	dilapidated
11	修缮	动	xiūshàn	to renovate
12	刺激	动	cìjī	to stimulate；excitement
13	险	形	xiǎn	dangerous
14	担心		dān xīn	worry
15	安全	形	ānquán	safe；safety
16	男子汉	名	nánzǐhàn	man
17	保护	动	bǎohù	to take care of；to protect

北京长城游览景点

1	八达岭长城	Bādálǐng Chángchéng	the Great Wall at Badaling
2	居庸关长城	Jūyōngguān Chángchéng	the Great Wall at Juyongguan
3	慕田峪长城	Mùtiányù Chángchéng	the Great Wall at Mutianyu
4	司马台长城	Sīmǎtái Chángchéng	the Great Wall at Simatai
5	黄花城长城	Huánghuāchéng Chángchéng	the Great Wall at Huanghuacheng
6	古北口长城	Gǔběikǒu Chángchéng	the Great Wall at Gubeikou
7	箭扣长城	Jiànkòu Chángchéng	the Great Wall at Jiankou

会话课文

马　丁：王小姐，周末有空儿吗？我和几个朋友想去爬长城，你能和我们一起去吗？可以给我们当个向导。

王　丽：长城我好久没去过了，还真想去爬一次。你们想去哪儿的长城呢？

马　丁：你给我们出个主意吧。

王　丽：北京有好几个长城游览景点，最有名的当然是八达岭长城了，那里是现存长城中保存最好的、最有气势的一段长城。不过去那儿的游客非常多，大多是短期来京旅游的外地游客和外国游客。

马　丁：我听说爬司马台长城很有意思。

王　丽：很多外国游客都这么说。他们常常选择那些破旧的、危险的、没有经过修缮的长城去爬，感觉爬这样的长城比较刺激。

马　丁：我大概也算是这些人中的一个。我对司马台长城比较感兴趣。

王　丽：北京还有一个黄花城长城，我没去过，听说比司马台长城更险。

马　丁：越险越好哇！我们就去你说的那个最危险的长城吧。

王　丽：可是我有点儿担心安全问题……

马　丁：没问题，到时候我们几个男子汉一起来保护你！

语句理解与练习（6-1）

1. 去那儿的游客非常多，**大多**是短期来京旅游的外地游客和外国游客。

    "大多"是副词，表示大部分或大多数。如：

    （1）树上的苹果大多已经成熟（chéngshú）了。

    （2）我们公司的职员大多是名牌大学的毕业生。

    用下面的词语与"大多"搭配各说一句完整的话：

    （1）我们大学的留学生：_____。

    （2）四川饭馆儿的菜：_____。

    （3）这条街上的商店：_____。

    （4）他家里的书：_____。

2. 我大概也**算**是这些人中的一个。

    "算"的意思是认做；当做；属于。后面可以加"是"。如：

    （1）我不想跟你吵，就算是我错了行了吧？

(2) 赔（péi）了就赔了，算是交了一笔学费吧。

(3) 这种动物也算一种猫科动物。

完成下面的句子：

(1) _____，就算是二百斤吧。

(2) _____，就算你赢了。

(3) _____，算是比较会唱的。

(4) _____，也算是"专家"？

3. <u>到时候</u>我们几个男子汉一起来保护你！

"到时候"表示以后的某一时候。如：

(1) 我想新年的时候去你的家乡旅行，到时候请多关照。

(2) 甲：我儿子明年结婚。

　　乙：好事啊，到时候别忘了请我喝喜酒。

用"到时候"完成下面的对话：

(1) 甲：我想明年去国外旅行。

　　乙：_____。

(2) 甲：我们想在周末搞个舞会。

　　乙：_____。

(3) 甲：下星期我们和清华大学赛足球。

　　乙：_____。

练习

1. 根据课文，谈谈课文中谈到的几处长城的特点。

2. 看地图，找到词语表中所列几处长城的地理位置，查阅有关资料，谈谈它们之间的区别。

3. 交流:

(1) 介绍自己拍摄的长城。

(2) 从网上下载有关长城的照片,然后介绍一下。

4. 讨论:

(1) 长城的历史。

(2) 有关长城的修缮。

会话篇（二）

长城纪念品

词语准备（6-2）

1	纪念品	名	jìniànpǐn	souvenir
2	T恤衫	名	T-xùshān	T-shirt
3	登	动	dēng	to climb
4	不愧	副	búkuì	to deserve to be called
5	明信片	名	míngxìnpiàn	postcard
6	拍摄	动	pāishè	to take (a photo)
7	棒	形	bàng	terrific
8	嗬	叹	hē	(interjection)
9	纪念章	名	jìniànzhāng	souvenir badge
10	名胜	名	míngshèng	well-known scenic spots
11	古迹	名	gǔjì	historic site
12	收藏	动	shōucáng	to collect
13	瞒	动	mán	to hide the truth from

会话课文

（在长城脚下）

王 丽：马丁先生，您刚才去哪儿了？到处找也找不到您。

马 丁：对不起，我去买纪念品了。看我买了些什么？

王 丽：这么多T恤衫？送给朋友的？

马 丁：有的送给朋友，有的是送给我儿子的，让儿子也了解一下什么是长城。你看，这T恤衫上画着长城，上面还写着："我登上了长城"，儿子见了一定高兴。

王 丽：您不愧是个好父亲。

马 丁：再看，这些都是有关长城的明信片，看这张，"长城日出"，没有比这再漂亮的照片了！我自己可拍摄不出这么棒的照片。

王 丽：啃！还有这么多纪念章，都是长城的？

马 丁：大部分是长城的，不过也有别的名胜古迹的。我从小就喜欢收藏纪念章，世界各国的都喜欢，最喜欢奥林匹克运动会的。不瞒你说，我家里有好几大本纪念章，你要是有机会去加拿大，一定到我家看看。

王 丽：有机会一定去。

注释

奥林匹克（Àolínpǐkè）运动会　the Olympic Game 简称"奥运会"，世界性的综合运动会。

语句理解与练习（6-2）

1. 您刚才去哪儿了？到处找也找不到您。

"到处V也V不……"强调某一动作或行为多次重复也没有结果。如：

(1) 那个地方很偏僻（piānpì），我们到处打听也打听不到。

(2) 这种药很难买，我到处买也买不着。

📝 **用下面的短语各说一句完整的话：**

(1) 到处治也治不好：_____。

(2) 到处借也借不到：_____。

(3) 到处推销（tuīxiāo）也推销不掉：_____。

2. **没有比这再漂亮的**照片了！

"没有比这再……的"强调到了极点。如：

(1) 没有比这再便宜的水果了。

(2) 0比8？没有比这再糟糕（zāogāo）的结果了！

📝 **用下面的短语各说一句完整的话：**

(1) 没有比这再难的：_____。

(2) 没有比这再贵的：_____。

(3) 没有比这再合适的：_____。

4. **不瞒你说**，我家里有好几大本纪念章。

"不瞒你说"是插入语，用于对信任的、比较亲近的人说一些不想或不敢、不好意思在众人面前说的话。如：

(1) 甲：你今天吃得很少。

　　乙：不瞒你说，我现在正在减肥。

(2) 甲：你最近好像心情不太好。

　　乙：不瞒你说，我有点儿想家。

📝 **用"不瞒你说"回答下面的问题：**

(1) 你为什么不去游泳？

(2) 你最近怎么总是缺课？

(3) 我夜里不敢一个人出去。
(4) 你的英文怎么样？

练习

1. 根据课文回答下面的问题：

(1) 马丁买了哪些纪念品？
(2) 这些纪念品是送给谁的？
(3) 马丁有喜欢收藏什么？

2. 根据实际情况回答下面的问题：

(1) 你喜欢在旅游景点买纪念品吗？喜欢买什么纪念品？
(2) 你喜欢收藏什么？

3. 动手做：为你所在的公司或学校制作一枚有特点的图标，并解释上面图案的含义。

阅读篇

中国的名山

词语准备（6-3）

1	的确	副	díquè	indeed
2	秀丽	形	xiùlì	beautiful
3	缭绕	动	liáorào	to curl up
4	奇怪	形	qíguài	strange; odd
5	松	名	sōng	pine
6	石	名	shí	stone

7	清泉	名	qīngquán	limpid spring
8	瀑布	名	pùbù	waterfall
9	使	动	shǐ	to make, to cause
10	游人	名	yóurén	visitor
11	流连忘返		liúlián wàng fǎn	enjoy oneself so much as to forget to go home
12	知名度	名	zhīmíngdù	popularity
13	其中	名	qízhōng	within
14	数不清		shǔbuqīng	incalculable
15	遗迹	名	yíjì	historical remains
16	人文	名	rénwén	all cultural activities in human society
17	景观	名	jǐngguān	landscape
18	自然	形	zìrán	nature
19	交融	动	jiāoróng	to blend; to mix
20	使得	动	shǐdé	to make
21	知名	形	zhīmíng	well-known, famous
22	人物	名	rénwù	figure
23	参拜	动	cānbài	to pay respects to
24	建	动	jiàn	to build
25	寺庙	名	sìmiào	temple
26	根据	介、名	gēnjù	according to; foundation
27	测量	动	cèliáng	to measure

中国部分名山

1	庐山	Lú Shān	Lushan Mountain
2	黄山	Huáng Shān	Huangshan Mountain
3	泰山	Tài Shān	Mount Tai

4	嵩山	Sōng Shān	Mount Song
5	华山	Huà Shān	Mount Hua
6	恒山	Héng Shān	Mount Heng
7	衡山	Héng Shān	Mount Heng
8	五台山	Wǔtái Shān	Wutaishan Mountain
9	九华山	Jiǔhuá Shān	Jiuhuashan Mountain
10	峨眉山	Éméi Shān	Mount Emei
11	普陀山	Pǔtuó Shān	Putuoshan Mountain
12	喜马拉雅山	Xǐmǎlāyǎ Shān	the Himalayas
13	珠穆朗玛峰	Zhūmùlǎngmǎ Fēng	Mount Qomolangma

阅读课文

　　提起中国的名山，人们首先想到的是庐山、黄山。的确，这两座山都以风景秀丽、云海缭绕、奇松怪石、清泉瀑布而闻名于世，常使游人流连忘返。可是要从历史的角度来看，还应该数中国的"五岳"知名度更高。"五岳"指的是东岳泰山、中岳嵩山、西岳华山、北岳恒山和南岳衡山，其中最有名的就是泰山了。泰山自古以来就被尊称为五岳之首，这里除了美丽的风景以外，还有数不清的历史遗迹。人文景观和自然景观的交融，使得泰山享有"天下第一山"的美誉。中国历史上许多知名人物都到泰山来参拜过。

　　中国从古至今信佛教的人很多，很多名山都建有佛教的寺庙，五台山、九华山、峨眉山、普陀山合称为中国佛教四大名山，每年来这些地方的人很多，有参拜的，也有旅游的。

　　还有一座山不能不提，那就是喜马拉雅山的珠穆朗玛峰。根据最新的测量，珠穆朗玛峰高8844.43米，是世界最高峰。

注释

1. **云海** 指人从高空或高处往下望时所看到的平铺在下面像海一样的云。
2. **五岳之首** 指五岳中最有名的、排位第一的。
3. **佛教** 世界主要宗教之一,相传创建于古印度,东汉时传入中国,现广泛流传于世界各地、特别是亚洲的许多国家。

语句理解与练习(6-3)

1. 这两座山都**以**风景秀丽、云海缭绕、奇松怪石、清泉瀑布**而闻名于世**。

"以"在这里是"因为"的意思。"以……而闻名于世"指的是因为某一特点而出名。如:

(1)珠穆朗玛峰以世界最高峰而闻名于世。

(2)埃及(Āijí)金字塔以位于世界七大奇迹之列而闻名于世。

用上"以……而闻名于世"回答下面的问题:

你们国家或你所居住的城市有没有闻名于世的自然景观或人文景观?

2. **从**历史的**角度来看**,还应该数中国的"五岳"知名度更高。

"从……的角度来看"指从事物的某一出发点来看问题。如:

(1)从学校管理部门的角度来看,学生应该认真学习,而不应该出去打工。

(2)从父母的角度来看,孩子早恋是应该制止的。

完成下面的句子:

(1)从国家的角度来看,_____。

(2)从公司的角度来看,_____。

(3)从职工的角度来看,_____。

3. 泰山**自古以来**就被尊称为五岳之首。

"自古以来"表示从古至今。如:

(1)这里自古以来就有湖怪的传说。

(2) 这座岛屿（dǎoyǔ）自古以来就是中国的领土。

请你说说：

介绍你们国家自古以来就存在的一种事物或一种现象。

4. 泰山自古以来就被尊称为五岳之首。

"被尊称为……"因为尊重而起一个美好的称呼。如：

(1) 这位相声（xiàngsheng）演员因为对相声有很深的研究而被同行尊称为老师。

(2) 屈原（Qū Yuán）因对中国诗歌史的贡献而被尊称为"中国诗歌之父"。

请你说说：

用"被尊称为……"介绍你们国家的一位有名的人物。

5. 人文景观和自然景观的交融，使得泰山享有"天下第一山"的美誉。

"享有……的美誉"指因受到人们的赞美而得到美好的称呼。如：

(1) 大熊猫因数量稀少加上人们对它的喜爱，享有"国宝"的美誉。

(2) 昆明（Kūnmíng）气候温和，四季如春，享有"春城"的美誉。

请你说说：

用"享有……的美誉"介绍你们国家的某一风景或事物。

6. 五台山、九华山、峨眉山、普陀山合称为中国佛教四大名山。

"合称为……"表示一些人物或事物因为具有共同的特点而被合在一起称呼。如：

(1) 唐朝诗人李白和杜甫（Dù Fǔ）被后人合称为"李杜"。

(2) 旅游国家新加坡、马来西亚、泰（Tài）国被中国人合称为"新马泰"。

请你说说：

你们国家被人们合称的人或事物。

练习

1. 填空：

(1) 中国的五岳包括东岳_____山、中岳_____山、西岳_____山、北岳_____山和南岳_____山，其中_____山被称为五岳之首。

(2) _____山、_____山、_____山、_____山合称为中国佛教四大名山。

(3) 世界最高峰是_____峰。

2. 根据实际情况回答下面的问题：

(1) 你去过中国哪一座名山？谈谈你的感受。

(2) 如果有时间和钱，你最想爬哪一座山？为什么？

3. 介绍你们国家的一座有名的山。

综合练习

一、听录音，然后从 ABCD 四个选项中选择最恰当的答案：

1. 女士不想去什么地方？
   A. 清静的地方　　　　　　　B. 郊区
   C. 有山有水的地方　　　　　D. 热闹的地方

2. 男士决定怎么去广州？
   A. 坐飞机去　　　　　　　　B. 等一天再走
   C. 坐特快列车　　　　　　　D. 坐动车组

二、听录音，然后回答下面的问题：

1. 国庆节去九寨沟，应该在什么时候预订门票和车票？
2. 怎样预订门票和去九寨沟的车票？

三、给下面几组词语的拼音加上声调并正确朗读，对比它们的发音和意义：

景点	jingdian	scenic spots
静电	jingdian	static electricity

气势	qishi	imposing manner
启事	qishi	notice

名胜	mingsheng	well-known scenic spots
名声	mingsheng	reputation

其中	qizhong	among (which, them, etc.)
期终	qizhong	end-of-term

秀丽	xiuli	beautiful
修理	xiuli	repair

游人	youren	visitor
友人	youren	friend

古迹	guji	historic site
估计	guji	estimate

遗迹	yiji	historical ruins
以及	yiji	and

人物	renwu	figure
任务	renwu	task

参拜	canbai	pay respects to
惨败	canbai	crushing

四、用上画线的词语说一说：

1. 你喜欢寻求<u>刺激</u>的生活吗？
2. 当你一个人出门在外的时候，你最<u>担心</u>的事情是什么？
3. 什么时候你需要得到别人的<u>保护</u>？
4. 你游览过中国哪些<u>名胜古迹</u>？
5. 你在游览或参观什么地方的时候<u>流连忘返</u>？
6. 介绍一处被评为世界文化遗产的<u>人文景观</u>或<u>自然景观</u>。
7. 介绍世界上一处有名的<u>瀑布</u>。
8. 介绍你现在居住的城市中一个风景<u>秀丽</u>的公园。

五、把你学过的有关词语填写在后面的空格内：

品	纪念品	日用品				
汉	男子汉	单身汉				
客	游客	旅客				
章	纪念章	图章				

六、熟读下面的景点介绍常用语，然后替换画线部分的词语：

1. 最有名的当然是<u>八达岭长城</u>了。
2. 那里是现存长城中<u>保存最好</u>的。
3. 这座山以<u>风景秀丽</u>、<u>云海缭绕</u>而闻名于世。
4. <u>这座山</u>的知名度很高。
5. 最有名的就是<u>泰山</u>了。
6. <u>泰山</u>自古以来就被尊称为<u>五岳之首</u>。
7. 这里除了<u>美丽的风景</u>以外，还有<u>数不清的历史遗迹</u>。
8. 人文景观和自然景观的交融，使得泰山享有"天下第一山"的美誉。
9. 还有<u>一座山</u>不能不提，那就是<u>喜马拉雅山的珠穆朗玛峰</u>。

七、阅读下面有关五岳的材料，然后填空：

A

位于湖南省，俯瞰湘江，山势雄伟，有七十二峰，以祝融（1300.2米）、天柱、芙蓉、紫盖、石廪（lǐn）五峰最为有名。山上有望日台等名胜古迹。

B

在山西省东北部。东北—西南走向。西接管涔（cén）山，东至河北省边境，绵延150公里。主峰玄武峰（2017米）在浑源县东南。

C

在陕西省东部，北临渭河平原和黄河，南依秦岭，东峰海拔2096.2米，也称朝阳峰；南峰海拔2154.9米，是华山最高峰。为著名游览胜地。

D

位于山东省东部。从东平湖东岸向东北延伸至淄博市南和鲁山相接，长约200公里。主峰玉皇顶，海拔1532.7米，山峰突兀峻拔，雄伟壮丽。有南天门、日观峰、经石峪、黑龙潭等名胜古迹。

```
            E
在河南省登封县北。由太室
山与少室山组成。最高峰连天峰
1512米。有中岳庙、少林寺等名
胜古迹。
```

填空：

1. 在上面的材料中，A是_____岳_____山、B是_____岳_____山、C是_____岳_____山、D是_____岳_____山、E是_____岳_____山。

2. 五岳中主峰最高的是_____岳_____山，海拔_____米。

八、制定计划：

马丁是一个登山爱好者，国庆节有七天假期，他想去中国有山的旅游地游览，请你帮他制定一份旅游计划，包括时间、地点、交通工具、游览项目等：

日期	旅游地与游览项目	住宿地
10月1日		
10月2日		
10月3日		
10月4日		
10月5日		
10月6日		
10月7日		

九、写作：

利用周末在居住地附近爬一座小山，回来后写一份300～400字的感想。

十、请你说说：

在出现下面情况的时候，你会怎么做？

1. 你去爬一座危险的山，可是刚到山下便刮起风来，你怎么办？
2. 你很想爬一座有名的山，可是到了那里以后，当地人告诉你说现在是雨季，爬山很危险，你怎么办？
3. 你很喜欢一件纪念品，可是不知道商贩给出的价格是否合适，你怎么办？
4. 你的朋友在爬山的路上突然受伤了，你怎么办？

表示担心的常用语

1. 去那儿危险不危险哪？
2. 不会出什么意外吧？
3. 怎么到现在还没消息？
4. 我实在是放心不下。
5. 我真怕她出事。
6. 万一发生什么事情可怎么办呢？
7. 要是他没收到可就糟了。
8. 她不会生我的气吧？
9. 千万别让她知道哇！
10. 可别出什么问题呀！
11. 哎呀！急死人了！
12. 我担心他忘了。
13. 恐怕他们不会答应我们的条件。

第七课　购　物

课前热身

1. 你在中国常去什么商店购物？
2. 你喜欢在哪个城市购物？
3. 你去购物的时候自己带购物袋吗？

会话篇（一）

你看在哪儿买好呢？

词语准备（7-1）

1	购物		gòu wù	to go shopping
2	孙女	名	sūnnǚ	granddaughter
3	商城	名	shāngchéng	plaza
4	高档	形	gāodàng	top grade
5	汇集	动	huìjí	to converge
6	名牌	名	míngpái	famous brand
7	商品	名	shāngpǐn	commodity; goods

8	档次	名	dàngcì	grade；class
9	惊喜	形	jīngxǐ	pleasantly surprised
10	超市	名	chāoshì	supermarket
11	货物	名	huòwù	goods；merchandise
12	品种	名	pǐnzhǒng	variety
13	连锁店	名	liánsuǒdiàn	chain store
14	听	量	tīng	(measure word)
15	表示	动	biǎoshì	to indicate；to express
16	商家	名	shāngjiā	merchant；businessman
17	体现	动	tǐxiàn	to embody；to manifest

会话课文

马　丁：王小姐，我的房东对我一直不错，明天是房东孙女的四岁生日，她请我到她家一起吃晚饭，我想给她的孙女买个礼物。你看在哪儿买好呢？

王　丽：我想您可以有三个选择。第一，去当代商城，那是我们这里比较高档的商店之一。那里汇集了中国以及世界各地的名牌商品，档次高，价格也高。在那里买东西送人，会给收到礼物的人一个意外的惊喜。

马　丁：第二个选择呢？

王　丽：您可以去家乐福、美廉美这样的大超市。那里货物多，品种齐全，价格也不贵，还有免费班车接送。

马　丁：最后一个选择呢？

王　丽：您不妨去一些小超市连锁店转转。在我们公司附近，有天客隆、利客隆、万客隆等好几家超市的连锁店。这些小超市虽然不大，但是东西再便宜不过了。比如您喜欢喝的可口可乐，在这样的小超市，一块多就能买一听。

马　丁：为什么这些超市的名字都有"客隆"两个字呢？

王　丽：这样起名字，一是表示商家希望来这里的客人多；二是体现出这种商店的特点，让人一看到"客隆"两个字，就知道这是一家超市。

马　丁：明白了，看来买礼物还是应该先去当代商城看看。

注释

1. **客隆**（kèlóng）　中国一些城市里的超市，都以"客隆"命名，如"天客隆、亿客隆、西客隆、万客隆、利客隆"等等。这些超市分属于不同的连锁店，却不约而同地用了"客隆"这样的名字，这样做的好处是各个企业互相呼应，既有竞争，又能合在一起壮大声势，共同走向市场。

2. **可口可乐**　Coca-Cola 的中文译名，美国的一个饮料品牌。

语句理解与练习（7-1）

1. 那是我们这里比较高档的商店之一。

"……之一"表示若干同类事物中的一个。如：

(1) 那只是我喜欢她的理由之一。

(2) 那里好玩儿的地方很多，这只是其中之一。

用上"……之一"介绍：

(1) 北京的小吃

(2) 中国的名山

(3) 云南的少数民族

2. 您不妨去一些小超市连锁店转转。

"不妨"表示可以做某事,多用于向别人建议。如:

（1）这工作您虽然没做过,可是做起来并不难,您不妨试试。

（2）那里好吃的小吃很多,您不妨去尝尝。

用上"不妨"完成下面的句子:

（1）那里需要用人的公司很多,＿＿＿＿＿＿＿＿＿＿＿＿＿＿＿＿。

（2）许多手工艺品的制作其实很简单,＿＿＿＿＿＿＿＿＿＿＿＿＿＿。

（3）这家婚姻介绍所还是很讲信誉的,＿＿＿＿＿＿＿＿＿＿＿＿＿。

3. 东西再便宜不过了。

"再……不过（了）"表示程度到了极点,是一种特殊形式的比较句。如:

（1）甲:我帮你买火车票。

乙:那再好不过了。

（2）甲:这次考试你觉得怎么样?

乙:再容易不过了。

用"再……不过（了）"回答下面的问题:

（1）我给你买的那件衣服怎么样?

（2）我帮你找个辅导好吗?

（3）你们这里卖的鱼新鲜吗?

中国的超市

一、课文中列出了哪几家超市?请填写在下面的表格里:

二、你还知道中国哪些超市的名字?请写在下面的表格里:

练习

1. 选词填空：

> 虽然……但是……　　一……就……　　一是……，二是……　　再……不过……

(1) 那家饭馆儿的菜（　　）好吃（　　）了。

(2) 我们愿意与他们公司合作，（　　）因为他们的货质量可靠，（　　）因为他们的价格合理。

(3) 我（　　）看到"客隆"两个字，（　　）知道这是一家超市。

(4) 这些小超市（　　）不大，（　　）东西很便宜。

2. 根据实际情况回答下面的问题：

(1) 你常去超市买东西吗？常去哪个超市？主要买些什么？

(2) 你回国前想给父母（或朋友、恋人、老师等）买些什么礼物？去哪儿买比较好？

3. 请你说说：

你在中国的不同商店买东西有什么不同之处。

会话篇（二）

购物天堂

词语准备（7-2）

1	天堂	名	tiāntáng	heaven；paradise
2	女性	名	nǚxìng	female sex
3	新颖	形	xīnyǐng	new and original
4	种类	名	zhǒnglèi	variety；category
5	繁多	形	fánduō	various；multifarious
6	难得	形	nándé	hard to come by

7	享受	动	xiǎngshòu	to enjoy; enjoyment
8	逛	动	guàng	to stroll; to roam
9	兴高采烈		xìng gāo cǎi liè	jubilant; excited
10	所见所闻		suǒ jiàn suǒ wén	what one sees and hears
11	艺术	名	yìshù	art
12	欣赏	动	xīnshǎng	to enjoy
13	环球	名	huánqiú	round the world
14	采购	动	cǎigòu	to purchase
15	目的地	名	mùdìdì	destination
16	免税		miǎn shuì	exempt from taxation; tax free
17	陪	动	péi	to accompany

会话课文

马　丁：王丽，快到黄金周了，你有什么打算？

王　丽：我想去上海。

马　丁：上海你已经去过很多次了，怎么还要去？

王　丽：去上海买东西呀！对喜欢购物的女性来说，上海就是一个购物天堂，那里的衣服款式新颖，种类繁多，在上海的南京路上转一圈，不管你买没买衣服，都是难得的享受哇！去多少次也还想再去。

马　丁：女人都喜欢逛商场，我太太也是这样。周末的时候，她常常一早出去，一逛就是一天。有时什么也没买回来，她还是兴高采烈地给我讲当天的所见所闻，像逛了一天公园似的那么开心。

王　丽：这您就不懂了。对于女人来说，逛商场，不在乎买到什么东西，重要的是买东西的过程，那是一个艺术欣赏的过程。

马　丁：再过几天，我太太又要实施她的"环球采购"计划了，这次目的地是香港。她说香港是世界级的购物天堂，在香港，可以买到来自世界各地的名牌商品，而且很多商品都是免税的。

王　丽：您会去香港陪她购物吗？

马　丁：也许她更希望自己去逛？

王　丽：其实做妻子的，都希望自己的先生和她一起享受购物的快乐。

马　丁：看来世界上做妻子的都一样。没办法，那就和妻子一起享受黄金周的快乐吧。其实我更喜欢在家睡觉。

注释

1. **黄金周**　golden-week，在中国，每年的春节和国庆节各连休七天，称为黄金周。
2. **南京街**　中国上海最繁华的一条购物街。

语句理解与练习（7-2）

1. **不管**你买没买衣服，都是难得的享受哇！

"不管"是连词，多出现在条件复句的前句，举出并列或意思相反的条件，后句多有"都"配合使用，表示条件不同，但结果或者结论都一样。如：

(1) 不管是大人还是孩子，都需要一个好的生活环境。

(2) 不管白天晚上，他一有空儿就不停地背外语单词。

(3) 不管下不下雨，我们明天都要去长城。

完成下面的句子：

(1) 不管刮风下雨，_____。

(2) 不管贵不贵，_____。

(3) 不管你爱不爱我，_____。

2. 她常常一早出去，一逛就是一天。

"一V就是……"后面一般跟数量词，强调时间长或数量多。如：

(1) 他的太太爱打麻将，一玩儿就是一天。

(2) 她很喜欢吃这种水果，一买就是一箱。

(3) 她很喜欢去上海购物，有时候一去就是三四天。

用上下面的动词，加上"一V就是……"各说一句完整的话：

(1) 讲：_____。

(2) 去：_____。

(3) 吃：_____。

(4) 睡：_____。

3. 其实做妻子的，都希望自己的先生和她一起享受购物的快乐。

"做……的"强调某一身份。如：

(1) 做哥哥的，应该让着弟弟。

(2) 我们做领导的，应该吃苦在前，享受在后。

把下面的短语各说一句完整的话：

(1) 做父母的：_____。

(2) 做教师的：_____。

(3) 做丈夫的：_____。

(4) 做长辈的：_____。

练习

1. 根据课文内容判断正误：

(1) 马丁太太买到东西以后会兴高采烈地告诉马丁。（   ）

(2) 做妻子的，都希望自己的先生跟自己一起去买东西。（   ）

(3) 马丁太太很喜欢逛商场，一逛就是一整天。（   ）

(4) 马丁宁可在家睡觉也不愿跟太太逛商店。（　　）

2. 根据课文回答下面的问题：

(1) 女人逛商店，为什么总是那么开心？

(2) 为什么人们把香港看做是购物天堂？

3. 请你说说：

(1) 你是否把购物当做一件快乐的事情？

(2) 如果你是一位妻子，你是否希望你的先生陪你一起逛商店？

(3) 如果你是一位丈夫，你是否愿意陪你的太太逛商店？

4. 交流：

(1) 介绍你的一次购物经历。

(2) 介绍你在中国的购物经验。

阅读篇

白色污染

词语准备（7-3）

1	污染	动	wūrǎn	to pollute
2	塑料	名	sùliào	plastics
3	构成	动	gòuchéng	to constitute; to form
4	困扰	动	kùnrǎo	to perplex; to plague
5	如何	代	rúhé	how
6	抵制	动	dǐzhì	to resist; to boycott
7	制定	动	zhìdìng	to formulate; to work out

第七课　购　物

8	有关	动	yǒuguān	related
9	法律	名	fǎlǜ	law
10	斗争	动、名	dòuzhēng	to struggle；fight
11	禁止	动	jìnzhǐ	to prohibit
12	销售	动	xiāoshòu	to sell；to market
13	使用	动	shǐyòng	to use
14	超薄	形	chāobáo	ultra-thin
15	有偿	形	yǒucháng	compensated
16	制度	名	zhìdù	rule；regulation
17	举措	名	jǔcuò	move；measure
18	公众	名	gōngzhòng	the public
19	普遍	形	pǔbiàn	general；universal
20	减少	动	jiǎnshǎo	to cut down；to reduce
21	环境	名	huánjìng	environment
22	意识	名	yìshí	awareness；consciousness
23	疑问	名	yíwèn	question
24	消费者	名	xiāofèizhě	consumer
25	不便	形	búbiàn	inconvenient
26	根治	动	gēnzhì	to bring under permanent control
27	替代	动	tìdài	to replace
28	寻找	动	xúnzhǎo	to seek；to look for
29	侵蚀	动	qīnshí	to erode；to corrode

阅读课文

　　在现代社会中，由一次性塑料购物袋构成的"白色污染"正在困扰着世界上的每一个国家。如何抵制这种污染，已经成为政府必须想办法解决的大事情。许多国家的政府已经制定有关法律，同"白色污染"作斗争。中国政府已经要求各地禁止生产、销售、使用超薄塑料购物袋，并实行塑料购物袋有偿使用制度。

对政府的这一举措，公众普遍表示欢迎，认为这样做会大大减少塑料袋的使用，有利于环境保护，提高公众环境保护意识。但是也有一些人提出了一些疑问，认为塑料购物袋的有偿使用，不能从根本上解决"白色污染"的问题，反而给消费者带来很大的不便。

有识之士指出：要想根治这种"白色污染"，必须在用什么物品替代塑料袋的问题上做文章，寻找一些不污染的替代品，这样既能保护环境，又能方便公众。

为了我们生活的地球不被污染侵蚀，我们每一个人都要参加到这场抵制"白色污染"的斗争中来。

注释

1. **一次性**　指只使用一次的，如一次性筷子、一次性杯子等。
2. **有识之士**　指有见识的人；有眼光的人。

语句理解与练习 (7-3)

1. 这样做会大大减少塑料袋的使用，有利于环境保护，提高公众环境保护意识。

"有利于"表示对某人或某事物有好处，有帮助。如：

(1) 购买国债（zhài）既有利于国家建设，又有利于个人。
(2) 看这段录像有利于人们加强交通安全意识。

完成下面的句子：

(1) 喝这种茶有利于_____。
(2) 经常游泳有利于_____。
(3) 上辅导班有利于_____。

(4) 练太极拳有利于_____。

2. 不能从根本上解决"白色污染"的问题。

"从根本上"表示完全、彻底。如：

(1) 只有多修地下铁路，才能从根本上解决城市交通堵塞问题。

(2) 罚款不能从根本上解决问题，还是要加强教育。

请你说说：

(1) 怎样从根本上解决酒后开车的问题？

(2) 怎样从根本上解决找工作难的问题？

3. 不能从根本上解决"白色污染"的问题，反而给消费者带来很大的不便。

"反而"是副词，表示跟前文意思相反或出乎预料之外，在句中起转折作用。如：

(1) 雨没有停，反而越下越大了。

(2) 他骑车撞了我，不向我道歉，反而让我赔他的车。

完成下面的句子：

(1) 人们都说汽车今年会降价，谁知不仅没降，反而_____。

(2) 春天到了，这里的气温没有升高，反而_____。

(3) 她吃了那么多减肥药，体重一点儿没降，反而_____。

(4) 在辅导班学习了一个月，HSK成绩没提高，反而_____。

4. 要想根治这种"白色污染"，必须在用什么物品替代塑料袋的问题上做文章。

"在……上做文章"指在某一方面下功夫，想办法。如：

(1) 要想在市场竞争中占有优势，必须在降低产品成本上做文章。

(2) 要重视基础知识的学习，不要总是在猜测考题上做文章。

请你说说：

你现在要参加一项竞选活动（可任意选择，如总统、市长、学生会主席、班长等等），请你说说你会在哪些方面做文章。

练习

1. 根据课文内容判断正误：

(1) 中国政府已经要求各地禁止生产、销售、使用塑料购物袋。（　　）

(2) 要想根治"白色污染"，必须寻找塑料购物袋的替代品。（　　）

(3) 塑料购物袋的有偿使用，可以从根本上解决"白色污染"的问题。（　　）

(4) 塑料购物袋的有偿使用，会给消费者带来不便。（　　）

2. 请你说说，在你们国家，是怎样解决"白色污染"问题的？

3. 演讲：我看"白色污染"。

一、听录音，然后从 ABCD 四个选项中选择最恰当的答案：

1. 最大的超市在哪儿？

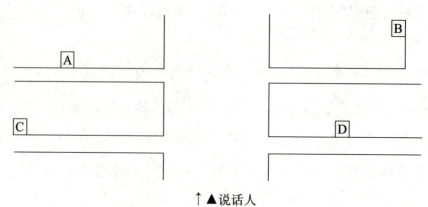

↑▲说话人

2. 男士最后要的是哪一件？
   A. 新潮的那件　　　　B. 样式老的那件
   C. 颜色深的那件　　　D. 袖子长的那件

二、听录音，然后回答下面的问题：
   1. 怎样才能得到商店赠送的精美礼物？
   2. 酬宾期间，电器、服装、厨房卫生用品各降价百分之多少？
   3. 酬宾期间，地下超市会给顾客带来什么惊喜？

三、查词典，了解下面短语的意思，看看它们和"不到天黑不回来"在结构上有什么共同的特点：
   1. 不打不成交
   2. 不见棺材不落泪
   3. 不撞南墙不回头
   4. 不到黄河心不死

四、汉语中一些词语是由两个意思相同或相近的汉字组成的，如"替代、种类、寻找"等，你能从所学的课文中再找到类似的词语吗？请写在下面：

动词					
名词					
形容词					

五、查词典，看看下面词语中的颜色词有什么特别的意义：
   1. 红眼病
   2. 绿色食品
   3. 蓝牙技术
   4. 黄色刊物
   5. 黑市

六、阅读短文，然后回答下面的问题：

为进一步加强普通发票管理，规范纳税人自觉依法使用发票行为，鼓励消费者索要发票，本市国税局计划今年下半年推出有奖发票，消费者在十多万家中小商业零售企业购物后，将会拿到有奖发票。

市国税局有关负责人介绍，有奖发票首先将在本市中小型的商业企业和零售企业中推行，相关企业数量目前有十多万户。有奖发票的总体中奖率会在3%左右。在国税部门的有奖发票推出后，市民逛商场、超市时购物后只要向商户要发票，就有刮中奖金的可能，而这也将降低企业偷税的可能，国家税款可以因此得到一定程度的增收。

本市的有奖发票共分为8个级别：5元，10元，20元，50元，100元，500元，1000元，10000元。

问题：

1. 为什么要发行有奖发票？
2. 有奖发票在什么范围内发行？
3. 有奖发票有多少个级别？

七、模仿下面的范例，写出自己的实际尺寸：

1. 衬衫：39
2. 裤长：100
3. 鞋：26
4. 袜：26—28

八、比一比：

班里举办一个联欢会，要求每个同学准备一份用于交换的小礼物，礼物最好是在市场买的，而且不能超过10元。比一比谁的礼物最实惠。

九、调查：

去附近的三家超市，调查10种同一品牌商品的价格，看看它们有什么不同。然后写一份调查报告，向全班同学汇报。

十、请你说说：

在出现下面情况的时候，你会怎么做？

1. 你去买衣服，可是卖主"一口价"，一分钱也不让；
2. 买衣服回到家，才发现衣服质量有问题；
3. 看中一件衣服，却发现自己钱包里的钱刚刚够买这件衣服的，而你还要打车回家；
4. 买回一件比较贵的衣服，却发现忘了开发票。

商场推销广告常用语

1. 好消息！
2. 庆祝商场成立五周年，本店厨房用品全部七折销售。
3. 服装季节性降价，每件 100 元。
4. 本市最低价。
5. 购买五盒以上优惠 50 元。
6. 买家用电器满 1000 元，直降 300 元。
7. 在本店累计消费满 100 元可参加抽奖一次，中奖率 100%。
8. 在本店消费超过 50 元可获精美礼品一份。
9. 凭销售小票可领取真情消费卡一张，有机会赢得西藏探秘之旅大奖。
10. 在本场购数码相机，送价值 500 元大礼包。
11. 特价方便面买二送一。
12. 本场洗衣机实行以旧换新。

第八课　饮食种种

课前热身

1. 你去过或常去哪些中国饭馆儿？
2. 说说你喜欢吃的中国菜的名字。

课文

会话篇（一）

还是去吃家常菜吧

词语准备（8-1）

1	家常菜	名	jiācháng cài	home-style dish
2	聚餐		jù cān	to have a dinner party
3	各不相同		gè bù xiāngtóng	to have nothing in common with each other
4	火锅	名	huǒguō	hot pot
5	烤肉		kǎo ròu	barbecue
6	海鲜	名	hǎixiān	seafood
7	应有尽有		yīng yǒu jìn yǒu	have everything that you expect
8	口味	名	kǒuwèi	flavor of food

9	不尽相同		bú jìn xiāngtóng	differ from one another
10	糊涂	形	hútu	confused
11	实惠	形	shíhuì	inexpensive and practical
12	自	介	zì	from
13	开业		kāi yè	open
14	以来	名	yǐlái	since
15	订餐卡	名	dìngcānkǎ	meal card; card for ordering meals

餐饮专有名词

1	中餐	Zhōngcān	Chinese food
2	日餐	Rìcān	Japanese food
3	韩餐	Háncān	Korean food
4	泰餐	Tàicān	Thai food
5	西餐	Xīcān	Western-style food
6	川菜	Chuāncài	Sichuan cuisine
7	粤菜	Yuècài	Cantonese cuisine
8	鲁菜	Lǔcài	Shandong cuisine
9	淮扬菜	Huáiyángcài	Yangzhou cuisine

会话课文

马　丁：王丽，我想和几个加拿大朋友明天一起聚餐，你说我们去哪家饭馆儿比较好？

王　丽：附近有很多不错的饭馆儿，中餐、日餐、韩餐、泰餐、西餐什么都有，不知道您喜欢哪一家？

马　丁：现在我们是在中国嘛，当然要吃中餐。

王　丽：中餐的品种也各不相同啊。拿我们这条街来说吧，有家常菜、

> 火锅、烤肉、海鲜，各种菜应有尽有。另外，各家饭馆儿的口味也不尽相同，有川菜、粤菜、鲁菜、淮扬菜，您想吃什么菜？
>
> 马　丁：你都把我说糊涂了。依你看，我们去哪家饭馆儿好呢？
>
> 王　丽：要照我说，还是去吃家常菜吧。那里菜的品种多，价钱也不贵，实惠。
>
> 马　丁：附近有吗？
>
> 王　丽：我们公司对面的"大鸭梨"就是一家家常菜的连锁店哪！里面海鲜、烤鸭什么的都有。不过，这家饭馆儿去年开业以来一直很火，要到那里吃得事先预订。
>
> 马　丁：那我们就去那儿吧。怎么预订呢？
>
> 王　丽：我这里有"大鸭梨"的订餐卡，您打个电话就行了。
>
> 马　丁：谢谢了。

语句理解与练习 (8-1)

1. 现在我们是在中国嘛，当然要吃中餐。

   "嘛"是语气助词，可强调某一身份或某一事物特点，表示事情本应如此。如：
   (1) 老师嘛，应该比学生知道的多。
   (2) 我学习成绩没别人好，不多看书行吗？笨鸟先飞嘛！

完成下面的句子：

(1) 学生嘛，_____。

(2) 父亲嘛，_____。

(3) 领导嘛，_____。

(4) 比赛嘛，_____。

2. **拿**我们这条街**来说**吧，有家常菜、火锅、烤肉、海鲜，各种菜应有尽有。

"拿……来说"用于以某人或某事物举例。如：

(1) 不是人人都会表演，拿我来说吧，不会唱歌，也不会跳舞。

(2) 干什么都不容易，就拿学语言来说吧，每天要记、要背，不是一年两年就能学会的。

(3) 有些事说起来容易，做起来难，拿戒烟来说，很多人老说"戒烟戒烟"，可就是戒不掉。

📝 用"拿……来说"回答下面的问题：

(1) 你们现在的作业多吗？

(2) 现在大学生找工作很难吧？

(3) 是不是很多年轻人为了减肥不吃早饭？

(4) 中国这几年的变化很大吧？

3. **依**你**看**，我们去哪家饭馆儿好呢？

"依……看"表示按照某人的意见或说法。经常搭配的有"依我看"和"依你看"。如：

(1) 依我看，咱们还是去吃烤肉吧。

(2) 依你看，这件事情怎么处理？

📝 用"依……看"完成下面的对话：

(1) 甲：这个工作工资高，可是很辛苦；那个工作倒是不累，可是钱很少。

　　乙：_____。

(2) 甲：这两家公司都录取我了，你说我去哪家公司？

　　乙：_____。

(3) 甲：我买的手机总是出毛病。

　　乙：_____。

(4) 甲：他老说要请我吃饭，你说为什么呢？

　　乙：_____。

4. <u>要照我说</u>，还是去吃家常菜吧。

"要照我说"是说出自己的意见或看法供对方参考。如：

(1) 甲：我妈妈说她想夏天来这儿看我。

乙：要照我说，还是秋天来好。

(2) 甲：这几种颜色的我都喜欢，你说我买哪件好呢？

乙：要照我说，你还是买那件白色的好。

用"要照我说"完成下面的对话：

(1) 甲：骑车去吧，太累，坐车呢，又怕堵车。

乙：_____。

(2) 甲：他们公司的经理脾气很不好，一生气就骂人。

乙：_____。

(3) 甲：在这个公司工作每天都要加班，还不给加班费。

乙：_____。

(4) 甲：听说去那个地方很危险。

乙：_____。

5. 要照我说，<u>还是去吃家常菜吧</u>。

"还是……吧"表示经过比较、考虑，有所选择，用"还是"引出选择的内容。如：

(1) 我看你还是考历史系吧，历史系比较适合你。

(2) 甲：咱们周末去爬山，好吗？

乙：天气太热，还是去游泳吧。

用"还是……吧"完成下面的对话：

(1) 甲：中午去吃韩国烧烤怎么样？

乙：_____。

(2) 甲：黄金周去香港旅游，怎么样？

乙：_____。

(3) 甲：你喝点儿啤酒吗？

乙：_____。

(4) 甲：咱们租房还是买房？

乙：_____。

练习

1. 填空：

(1) （　　）我们家来说吧，周末常常一起去郊区游览。

(2) 这家商店（　　）开业以来生意一直不错。

(3) 要到这家饭馆吃饭（　　）事先预订。

(4) （　　）我说，咱们还是去吃海鲜吧。

(5) 你都（　　）我说糊涂了。

(6) 各家饭馆儿的口味都不（　　）相同。

2. 现在，经营火锅、烤肉、海鲜的饭馆儿都很火，你喜欢其中的哪一种？谈谈你对这些饭馆儿的看法。

3. 你了解川菜、粤菜、鲁菜、淮扬菜各自的特点吗？和你的同学一起交流。

4. 你知道你居住的城市有哪些家常菜的连锁店吗？写出它们的名字。

会话篇（二）

中国菜的名字

词语准备（8-2）

| 1 | 肘子 | 名 | zhǒuzi | upper part of a leg of pork |
| 2 | 古（时候） | 形 | gǔ（shíhou） | ancient times |

3	文学家	名	wénxuéjiā	writer
4	按照	介	ànzhào	according to
5	肺	名	fèi	lung
6	对	量	duì	(measure word)
7	夫妻	名	fūqī	husband and wife
8	称呼	动	chēnghu	to call
9	误会	动	wùhuì	to misunderstand
10	好听	形	hǎotīng	pleasant to hear
11	光	副	guāng	only; merely
12	尝	动	cháng	to taste
13	闹笑话		nào xiàohua	to make a fool of oneself
14	肉团	名	ròutuán	meat ball
15	幽默	形	yōumò	humorous
16	效劳	动	xiàoláo	to work for

中国菜菜名

1	东坡肘子	dōngpō zhǒuzi	Braised Dongpo Pork Hock with Brown Sauce
2	夫妻肺片	fūqī fèipiàn	Pork Lungs in Chili Sauce
3	全家福	quánjiāfú	Assorted Stewed Delicacies
4	花好月圆	huāhǎo yuèyuán	Almonds
5	金银馒头	jīnyín mántou	Fried Mantou
6	四喜丸子	sìxǐ wánzi	Meat Balls Braised with Brown Sauce

会话课文

马　丁：服务员！这个菜为什么叫"东坡肘子"？

服务员：古时候有个大文学家叫苏东坡，他喜欢吃肘子。这道菜就是按照他的做法做出来的，所以叫"东坡肘子"。

马　丁：噢！原来如此。我一直以为"东坡"是个地名呢。那这个"夫妻肺片"怎么解释呢？

服务员：那是当年有一对夫妻，做这个菜很有名，久而久之，人们就用这个名字称呼他们做的这个菜了。

马　丁：看看，你要是不说我又误会了。中国菜有些听起来真好听，像"全家福"、"花好月圆"、"金银馒头"，光听名字就想尝一尝。不过，也有些菜虽然有名，也很好吃，但是外国人看不懂菜名，很容易闹笑话，比如这个"四喜丸子"，我一开始就以为是"四个高兴的肉团"……

服务员：（笑）您可真幽默！要是您能帮我们翻译一下菜名就太好了。

马　丁：好哇！很愿意为你们效劳，不过，能把这些菜名正确地翻译出来也真不容易。

注释

苏东坡　中国北宋时期的著名文学家、书画家。

语句理解与练习（8-2）

1. 噢！*原来如此*。

    "原来如此"表示明白了事情的真相。如：

    （1）甲：我怎么觉得小兰的样子有点儿不同往常啊？

    　　乙：她做了一个隆鼻手术。

    　　甲：哦，原来如此。

    （2）甲：小王最近好像买了不少高档衣服。

    　　乙：他们公司今年效益不错，发了一大笔奖金。

甲：原来如此！

2. **久而久之**，人们就用这个名字称呼他们做的这个菜了。

"久而久之"表示经过比较长的时间以后。如：

(1) 他给自己起了个名字叫"东坡"，人们也习惯这么叫他，久而久之，他本来的名字人们反而忘记了。

(2) 这里的土地一直没有人种，久而久之，就变成荒（huāng）地了。

请你回答：

你能用"久而久之"说明一种事物的来历吗？

3. 很愿意为你们**效劳**。

"为……效劳"表示为某人或组织出力服务。如：

(1) 能为您效劳我深感荣幸。

(2) 为国效劳是我们应尽的责任。

把下面的短语各说一句完整的话：

(1) 为您效劳：_____。

(2) 为祖国效劳：_____。

(3) 为公司效劳：_____。

练习

1. 填空：

(1) 这道菜是（   ）他的做法做出来的。

(2) 时间久了，人们就（   ）这个名字称呼他们做的这个菜了。

(3) 中国菜有些听起来真好听，（   ）听名字就想尝一尝。

(4) 能（   ）这些菜名正确地翻译出来也真不容易。

2. 把你吃过的中国菜的名字写在下面的表格里，并写出是用什么材料做的：

菜名	拼音	材料

3. 介绍一个你吃过或听说过的有意思的或者容易误会的菜名。

阅读篇

中国菜的吃法

词语准备（8-3）

1	迫不及待		pò bù jí dài	itching to do sth.
2	品尝	动	pǐncháng	to taste
3	滋味	名	zīwèi	savor; taste
4	荷叶饼	名	héyèbǐng	thin pancake
5	甜面酱	名	tiánmiànjiàng	sweet sauce made of fermented flour
6	葱	名	cōng	green onion
7	丝	名	sī	threadlike

8	往往	副	wǎngwǎng	usually
9	东张西望		dōng zhāng xī wàng	to glance around
10	模仿	动	mófǎng	to imitate
11	蘸	动	zhàn	to dip in
12	卷	动	juǎn	to roll（up）
13	有些	副	yǒuxiē	somewhat
14	特殊	形	tèshū	particular
15	端	动	duān	to carry
16	筷子	名	kuàizi	chopsticks
17	夹	动	jiā	to pick up（with chopsticks）
18	拔	动	bá	to draw out
19	硬	形	yìng	hard；stiff
20	抓紧		zhuā jǐn	lose no time in doing sth.
21	盆	量	pén	（measure word）
22	大吃一惊		dà chī yì jīng	to be greatly surprised
23	浮	动	fú	to float
24	厚	形	hòu	thick
25	辣椒	名	làjiāo	pepper，chilli
26	捞	动	lāo	to dredge up
27	鲜美	形	xiānměi	delicious

阅读课文

　　北京烤鸭好吃，这谁都知道。很多外国人刚来到北京，就迫不及待地跑到烤鸭店去品尝烤鸭的滋味了。可是有很多人不知道北京烤鸭怎么吃。当服务员把烤鸭、荷叶饼、甜面酱、葱丝等放到桌子上时，他们往往东张西望，看看别人怎么吃，然后照猫画虎地模仿。其实，吃北京烤鸭的方法很简单，把荷叶饼放在手上，先用葱丝蘸上甜面酱，放在饼的中心，再把切成片的烤鸭也放上去，然后把饼卷起来吃就行了。

拔丝苹果的吃法有些特殊，服务员端上这道菜的时候，会同时端上一杯水。当你用筷子夹起一块苹果时，会拔出很长很长的糖丝，这时要把这块苹果放进水中蘸一下，等糖丝变硬以后再放进嘴里。另外，吃这道菜的时候要抓紧时间，如果不马上吃，过一会儿菜里的糖都变硬了，想把糖拔成丝都拔不动了。

现在很多北京人爱吃水煮鱼。第一次看到服务员把一大盆水煮鱼端上桌的时候，你也许会大吃一惊：只见盆里浮着厚厚的一层辣椒，却看不到鱼。这时只要让服务员把上面的辣椒捞出去，就能看到鲜美的鱼片了。

所以，菜好吃，还要会吃。

注释

1. **北京烤鸭** 北京烤鸭是用一种特别饲养的北京鸭烤制而成的，分明炉（挂炉）和焖（mèn）炉两种。最有名的北京烤鸭店是"全聚德（Quánjùdé）"和"便宜坊（Biànyífǎng）"。
2. **照猫画虎** 画虎是很不容易的事情，而猫和虎的样子有些相似，所以可以按照猫的样子画虎。比喻照着样子模仿。
3. **拔丝苹果** "拔丝"是一种烹调（pēngtiáo）方法，把油炸过的食物，如苹果、香蕉、山药等等放在熬滚的糖锅里，吃时用筷子夹起来，糖遇冷就拉成丝状。
4. **水煮鱼** "水煮"是一种烹调方法，以重庆水煮鱼最为有名。

语句理解与练习（8-3）

1. 这谁都知道。

"谁（都）……"中的"谁"是任指，表示任何人。后面常跟"都"、"也"。如：

(1) 谁都知道在这样的公司工作会承担很大的压力。

(2) 大家都在努力地工作，谁也不想落在别人后面。

解释下面句子中的疑问词表示什么意思：

（1）我今天哪儿都不想去。

（2）这里的衣服哪件我都不喜欢。

（3）她病了，什么都不想吃。

（4）这个问题很难，大家怎么猜也猜不出来。

2. 另外，吃这道菜的时候要抓紧时间。

"另外"在本篇课文中是连词，表示在所说的范围之外，补充说明。用在两句之间。如：

（1）我去天津看一个朋友，另外再买几件衣服。

（2）公司把电脑送到家，另外还给了一些软件。

完成下面的句子：

（1）我想给她买一个生日蛋糕，另外_____。

（2）老板让我去上海接货，另外_____。

（3）你可以去桂林看看那里的山水，另外_____。

（4）你去帮我买一本词典，另外_____。

3. 想把糖拔成丝都拔不动了。

"想V都（也）V不……"表示自己的想法或愿望实行起来很难。动词后面一般跟可能补语或结果补语。如：

（1）他们的球队太厉害了，我们想赢都赢不了。

（2）这么早就出发？我想起都起不来。

用下面的短语各说一句完整的话：

（1）想买都买不起：_____。

（2）想去也去不了：_____。

(3) 想比也比不过：_____。

4. <u>只要</u>让服务员把上面的辣椒捞出去，<u>就</u>能看到鲜美的鱼片了。

"只要"是连词，常用在条件复句的前一分句中，表示充足条件，可用在主语前或主语后，下文常有"就"呼应。如：

(1) 只要你认真复习，就一定能考及格。
(2) 你只要打个电话，厂家马上就会把货送到。

完成下面的句子：

(1) 你只要每天背 10 个生词，_____。
(2) 你只要向她道歉，_____。
(3) 只要明天不下雨，_____。
(4) 只要她说喜欢，_____。

练习

1. 选词填空：

> 往往　　其实　　同时　　另外　　这时

(1) 你给她买一个数码相机，（　　）再送她一束花。
(2) 夏天有时候会打雷，（　　），你千万不要跑到树下去。
(3) 这次考试看上去很难，（　　）很容易。
(4) 周末的时候，他（　　）在酒吧消磨时光。
(5) 这两个比赛项目你只能选一个，因为明天（　　）进行。

2. 复述课文。

3. 介绍你们国家一种菜的吃法。

综合练习

一、听录音，然后从 ABCD 四个选项中选择最恰当的答案：

1. 男士和女士最后决定去吃什么？
   A. 重庆火锅　　B. 生鱼片　　C. 粥　　D. 韩式烧烤

2. 男士为什么喜欢去那家餐厅？
   A. 价钱便宜　　B. 有特色菜　　C. 那里人少　　D. 味道不错

二、听录音，边听边在下面的括号里填写数字或汉字：

男：喂，是便利送餐公司吗？我是北达电脑维修部，可以在你这里订盒饭吗？

女：可以。请问您想订什么标准的？我们这里有10元、15元、18元的普通盒饭，也有28元和38元的商务套餐。

男：18块的盒饭和28的套餐有什么区别？

女：18元的盒饭都是家常菜，两个荤菜，两个素菜；28元的套餐有鱼和牛肉。请问您想要哪种？

男：还是要（　　）块的吧。

女：您要多少份？

男：您给我来（　　）份吧。

女：您什么时候要？

男：（　　）以前一定要送到。

女：请问您贵姓？

男：免贵姓（　　）。

女：您方便告诉我您的联系方式吗？

男：打我手机吧，（　　　　　）。

女：谢谢，我们一定准时给您送到。

三、下面的单音节动词都与吃饭的动作有关，请用它们各写两个句子：

1. 捞：_____。
   _____。

2. 尝：_____。
   _____。

3. 夹：_____。
   _____。

4. 蘸：_____。
   _____。

5. 卷：_____。
   _____。

6. 拔：_____。
   _____。

7. 端：_____。
   _____。

四、在下面的空格内填上适当的汉字，然后用该词语写出完整的句子或对话：

1. 应有（　）有：_____。
   _____。

2. （　）不及待：_____。
   _____。

3. 大（　）一惊：_____。
   _____。

4. 原来如（　）：_____。
   _____。

5. 一（　）为定：_____。
   _____。

6. (　　) 猫画虎：_____
_____

五、中国菜常常把肉或菜切成"丝"、"片"、"丁"、"块"、"条"等形状，请把你知道的带有上述词语的中国菜的名字写在后面的空格内：

丝	鱼香肉丝				
片	夫妻肺片				
丁	辣子肉丁				
块	红烧鸡块				
条	酸辣瓜条				

六、阅读下面中国菜常见的烹调方法及相关菜名，然后补充你知道的用这种烹调方法做出来的菜的名字：

煮	zhǔ	boil；cook	煮饺子	水煮牛肉	
蒸	zhēng	steam	蒸包子	粉蒸排骨	
炒	chǎo	fry；stir-fry	炒鸡蛋	清炒虾仁	
炸	zhá	deep-fry	炸油饼	软炸里脊	
烧	shāo	stew after frying	烧茄子	干烧黄鱼	
烤	kǎo	roast	烤牛肉	北京烤鸭	
煎	jiān	fried	煎鸡蛋	干煎带鱼	
炖	dùn	stew	炖排骨	猪肉炖粉条	
爆	bào	quick-fry	油爆虾	葱爆羊肉	

七、熟读下面的餐厅常用语：

1. 请问，有没有包间？

2. 来两份商务套餐。

3. 可以给我们介绍一下您这儿的特色菜吗？

4. 请问，这个菜怎么吃？

5. 劳驾，我们的菜能不能快点儿上来？

6. 请不要放糖。

7. 我不能吃辣的。

8. 这个菜今天的牌价是多少？

9. 请再给我一双筷子。

10. 请续点儿茶。

11. 这个菜太咸了。

12. 这里可以刷卡吗？

八、猜一猜：

下面是一些中国菜的名字，你能猜出画线部分的词语指的是什么吗？

水<u>晶</u>肘子　　<u>蚂蚁</u>上树　　<u>松鼠</u>鱼　　<u>地</u>三鲜　　<u>虎皮</u>尖椒

<u>翡翠</u>虾仁　　<u>鱼</u>香肉丝　　摊<u>黄菜</u>　　<u>荷包</u>蛋　　红烧<u>狮子头</u>

九、实践：

你带三个客人去饭馆儿吃饭，你来点菜，要求所点的菜里要有：

凉菜——

热菜（包括海鲜、肉类、素菜等）——

汤——

主食——

饮料——

十、请你说说：

在出现下面情况的时候，你会怎么做？

1. 服务员端上来的菜，不是你想象中的菜；

2. 服务员介绍他们饭馆儿的特色菜，可是菜单上没有这个菜的价格；

3. 服务员不小心，把菜汤撒在你的裤子上；

4. 你没想到这里的菜这么贵，结账时，你的钱包里的钱不够付账。

附 录

商量常用语

1. 我们去吃日本料理吧。
2. 我看咱们还是换一家商店再看看吧。
3. 咱们打车去还是坐公共汽车去?
4. 你可不可以明天给我一个答复?
5. 这样做不太好吧?
6. 打个电话确认一下吧?
7. 把他安排在你的办公室怎么样?
8. 能不能换一种方式?
9. 孩子睡了,你们说话能不能小声点儿?
10. 再等一等,你看好不好?
11. 我们双方都再让一步,行吗?
12. 还是别去了。

第九课 求 助

课前热身

1. 在中国，你遇到过危险或困难的事情吗？最后是怎么解决的？
2. 当你遇到麻烦的事情时，你会向谁求助？

课文

会话篇（一）

我的手机找不着了

词语准备（9-1）

1	求助	动	qiúzhù	to ask sb. for help
2	信息	名	xìnxī	news；information
3	静	形、动	jìng	calm；to calm down
4	座位	名	zuòwèi	seat
5	公用	动	gōngyòng	for public use
6	亭	名	tíng	booth
7	记得	动	jìde	to remember
8	航空	名	hángkōng	aviation

9	班机	名	bānjī	flight
10	赶快	副	gǎnkuài	quickly
11	工作人员		gōngzuò rényuán	functionary
12	部门	名	bùmén	agency；department
13	放心		fàng xīn	rest assured

会话课文

（马丁给王丽打电话）

马　丁：喂！是王小姐吗？我遇到麻烦事了，你得帮帮我。

王　丽：什么事啊？别着急，您慢慢说。

马　丁：我的手机找不着了。手机里有很多公司之间业务往来的信息，怎么办？

王　丽：您静下心来好好儿想想，有可能丢在什么地方。

马　丁：我刚下飞机，我想十有八九是丢在飞机座位上了。

王　丽：您现在在什么地方？

马　丁：我在机场的公用电话亭。

王　丽：还记得您乘坐的是哪个航空公司的班机吗？航班号是多少？

马　丁：记得。

王　丽：您赶快跟机场的工作人员说明情况，让他们跟有关部门联系。您放心，只要手机还在座位上，一定会找到的。

马　丁：好，我这就去。

王　丽：需要我过去帮您吗？

马　丁：我先自己试试吧，实在不行，我再跟你联系。

王　丽：那好吧，不管找没找到手机，都请您给我打个电话。

第九课　求　助

📄 **语句理解与练习（9-1）**

1. 我的手机找不着了。

    "着"用在及物动词后面，表示达到目的。可插入"得、不"。如：
    (1) 她很聪明，大家出的谜语她都猜着了。
    (2) 孩子个子矮，够不着。

   ✍️ 用"……得着"、"……不着"、"……着了"加上下面的词语各说一句完整的话：

   (1) 打：_____　_____。
   (2) 抓：_____　_____。
   (3) 找：_____　_____。
   (4) 买：_____　_____。

2. 我想十有八九是丢在飞机座位上了。

    "十有八九"表示极有可能。如：
    (1) 天这么阴（yīn），十有八九会下雨。
    (2) 他到现在还不来，十有八九是路上堵车了。

   ✍️ 用上"十有八九"完成下面的句子：

   (1) 马路上有那么多人，_____。
   (2) 对方是全国最有名的球队，_____。
   (3) 她最近和男友差不多天天吵架（chǎo jià），_____。

3. 我这就去。

    "这就……"表示马上做某事，也指某种情况马上会发生。如：
    (1) 甲：你怎么还没吃饭呢？

    　　乙：看了一会儿电视，我这就吃。

    (2) 甲：饺子熟了没有？

    　　乙：等一下，这就熟。

用"这就……"完成下面的对话：

(1) 甲：你什么时候带我去动物园？
    乙：_____。

(2) 甲：都十点了，你怎么还在睡？
    乙：_____。

(3) 甲：你几点来我家？
    乙：_____。

(4) 甲：你的菜做好了没有？
    乙：_____。

练习

1. 模仿马丁的口气，向机场工作人员陈述自己丢失手机的经过，希望他们帮助自己寻找。

2. 根据实际情况回答下面的问题：
   (1) 当你生活中丢失了某一样重要的东西，你怎么办？
   (2) 你生活中丢失过重要的东西吗？当时你是怎么处理的？

3. 二人一组，表演会话内容。

会话篇（二）

就算是互相辅导吧

词语准备 (9-2)

1	开口		kāi kǒu	to open one's mouth
2	尽管	副	jǐnguǎn	to feel free to
3	标准	形、名	biāozhǔn	standard；criterion

4	正音		zhèng yīn	to correct one's pronunciation
5	肚子	名	dùzi	belly
6	兔子	名	tùzi	rabbit
7	夸张	形	kuāzhāng	to exaggerate; to overstate
8	当时	名	dāngshí	at that time
9	纳闷儿		nà mènr	to feel puzzled
10	吻	动、名	wěn	to kiss; kiss
11	笑话	名、动	xiàohua	joke; to laugh at
12	证明	动、名	zhèngmíng	to prove; provement
13	学费	名	xuéfèi	tuition
14	指导	动、名	zhǐdǎo	to guide; guidance
15	定	动	dìng	to have the final say

会话课文

马　丁：王小姐，有一件事我一直想麻烦你，可又不好意思开口。

王　丽：看您！跟我还客气什么！有什么需要我帮忙的，您尽管说。

马　丁：来中国以后，我感觉我的汉语发音不够标准，想找个辅导帮我正正音。

王　丽：您的汉语说得已经够不错的了。

马　丁：不行不行！有一次，我参加一个宴会，吃完饭，我说了一句，"肚子饱了"，饭桌上的人都往桌子下面看。我很奇怪地问他们在看什么，原来他们听我说的是"兔子跑了"。

王　丽：您太夸张了吧？

马　丁：不不不！这是真的！还有一次，我和我们的副总马女士讨论一个问题，我对她说："我想问你。"她一下子脸红了，我当时很纳闷儿，后来我才知道，我的话到了她的耳朵里，变成"我想吻你"了。

王　丽：（笑）我知道，您是在用讲笑话的方法来证明掌握汉语的发音是多么重要。这样吧，我最近不太忙，星期一、三下班后我有时间，我帮您正正音吧。

马　丁：真的吗？那太好了！不过咱们事先说好了，我得付你学费。

王　丽：学费就免了吧，到时候我的英语有什么问题，您得给我指导指导。我们就算是互相辅导吧。

马　丁：好哇，就这么定了。

注释

副总　副总经理的简称。

语句理解与练习 (9-2)

1. 跟我还客气什么！

　　疑问代词"什么"用在动词后边，表示反问。有"不要"、"别"的意思。如：

　　(1) 甲：车来了，快跑！

　　　　乙：跑什么！司机会等你的。

　　(2) 甲：快走吧，上班要迟到了。

　　　　乙：急什么！还有二十分钟呢，来得及。

用"什么"加上下面的词语各说一句完整话：

　　(1) 哭：_____。

　　(2) 笑：_____。

　　(3) 吵：_____。

　　(4) 挤：_____。

　　(5) 嚷嚷：_____。

2. 您的汉语说得已经够不错的了。

"够……的了"表示已经达到某种程度或要求。如：

(1) 这衣服够便宜的了，买了吧。

(2) 我对他够好的了，你怎么还说我不关心他？

用"够……的了"完成下面的对话：

(1) 甲：你学习还应该更加努力。

　　乙：_____。

(2) 甲：我想再买几件衣服。

　　乙：_____。

(3) 甲：这次考试我觉得比较容易。

　　乙：_____。

(4) 甲：这算不上恐怖（kǒngbù）电影。

　　乙：_____。

3. 这样吧，我最近不太忙，星期一、三下班后我有时间，我帮您正正音吧。

"这样吧"表示因为条件发生变化而提出某种新的做法，多用于向别人提出建议等。如：

(1) 甲：请问，玛丽在吗？

　　乙：她刚出去，这样吧，你先坐坐，我帮你叫她。

(2) 甲：我觉得这件衣服有点儿长。

　　乙：这样吧，我再给您拿一件您试试。

用"这样吧"完成下面的对话：

(1) 甲：这两个公司我都想去，你说我去哪个公司好呢？

　　乙：_____。

(2) 甲：这么晚了，我给老师打电话合适吗？

　　乙：_____。

(3) 甲：我喜欢吃烤肉，可我又怕胖。

　　乙：_____。

(4) 甲：糟了！上班要迟到了！怎么办呢？

　　乙：_____。

4. 不过咱们事先说好了，我得付你学费。

"说好"在这里表示经过商量以后做出决定。如：

(1) 我们已经说好了，在动物园门口见面。

(2) 我可跟您说好了，这东西您看好再买，出了门不退不换。

(3) 唉！这事也不能怪他，我们事先没说好。

5. 我们就算是互相辅导吧。

"算是……"表示当做、看成是。有时有无奈的语气。

(1) 甲：我怎么好意思要你的钱？

　　乙：收下吧，就算是我借给你的，行了吧？

(2) 甲：今天真倒霉，把钱包丢了。

　　乙：说也没用，就算是咱们吃了一顿法式大餐吧。

✎ 用"算是……"完成下面的对话：

(1) 甲：这个礼物太贵了，我不能收下。

　　乙：_____。

(2) 甲：你买了酒，可我什么也没带，这怎么成？

　　乙：_____。

(3) 甲：今天早上我的自行车没气了，结果我一直跑到公司。

　　乙：_____。

(4) 甲：这个公园一点儿意思都没有。

　　乙：_____。

第九课　求助

练习

1. 根据课文回答下面的问题：

(1) 为什么大家都把"肚子饱了"听成"兔子跑了"？

(2) 副总马女士听了马丁的话为什么脸红了？

(3) 王丽为什么不收马丁的学费？

2. 朗读下面的句子，找出画线词语在发音上的区别：

1	这孩子真**棒**！	这孩子真**胖**！
2	我喜欢吃**枣**。	牛喜欢吃**草**。
3	他喜欢**晚上**聊天儿。	他喜欢**网上**聊天儿。
4	鱼缸里有几条**金鱼**。	大海里有几条**鲸鱼**。
5	我买**杯子**。	我不买**被子**。
6	姐姐**买**了几本书。	哥哥**卖**了几本书。

3. 介绍你听说过的一个和学习语言有关的笑话。

阅读篇

什么时候可以拨打110？

词语准备（9-3）

1	报警		bào jǐng	to report to the police
2	服务台	名	fúwùtái	service desk
3	杀	动	shā	to kill
4	抢劫	动	qiǎngjié	to rob
5	强奸	动	qiángjiān	to rape; to violate (a woman)
6	刑事	形	xíngshì	criminal
7	案件	名	ànjiàn	law case

8	范围	名	fànwéi	scope
9	坠	动	zhuì	to fall
10	落	动	luò	to drop
11	煤气	名	méiqì	gas
12	中毒		zhòng dú	be poisoned
13	急救	动	jíjiù	to give first aid
14	房屋	名	fángwū	house
15	抢修	动	qiǎngxiū	to do rush repairs
16	将	副	jiāng	will
17	居民	名	jūmín	resident
18	生命	名	shēngmìng	life
19	尽早	副	jǐnzǎo	as soon as possible
20	智障者	名	zhìzhàngzhě	mentally handicapped
21	精神病	名	jīngshénbìng	mental disease
22	患者	名	huànzhě	patient
23	走失	动	zǒushī	to wander away
24	协助	动	xiézhù	to assist; to help
25	迷路		mí lù	to get lost
26	束手无策		shù shǒu wú cè	to feel quite helpless

阅读课文

在中国，几乎所有的人都知道110是报警服务台。可是究竟遇到什么情况可以拨打110报警呢？恐怕没有多少人可以说清楚。很多人以为只有发生了杀人、抢劫、强奸等刑事案件才能拨打110，其实110报警服务的范围远不止这些。

首先，发现周围有坠楼、落水、煤气中毒的，需要急救的，可以赶快拨打110。

其次，房屋里的水、电、煤气等发生了险情，如果不及时抢修，将会

第九课　求　助

影响居民生命安全的，也要尽早拨打110，由110服务台通知有关部门。

　　还有，家里有老人、孩子、智障者或精神病患者走失，需要在一定范围内协助查找的，也可以拨打110。

　　另外，当你在爬山迷路时、参加重要考试因堵车就要迟到时、从银行取出大笔的钱担心被抢劫时，……总之，当你遇到危险、困难而感到束手无策时，都可以求助110。

语句理解与练习（9-3）

1. <u>几乎</u>所有的人都知道110是报警服务台。

　　"几乎"是副词，有时可以用在名词前，表示接近全部。如：

　　（1）这个村子几乎每一家都盖了新房。

　　（2）公司里几乎所有职员都买了股票。

用下面的短语各说一句完整的话：

（1）几乎每一天：_____。

（2）几乎全体职工：_____。

（3）几乎所有的公园：_____。

（4）几乎全部饭馆儿：_____。

2. <u>究竟</u>遇到什么情况可以拨打110报警呢？

　　"究竟"是副词，用于问句，表示进一步追究，有加强语气的作用。多用于书面语。如：

　　（1）你究竟想不想去那家公司呢？

　　（2）修了半天也没修好，究竟问题出在哪儿呢？

把"究竟"放在下面句中合适的位置：

（1）游泳池里的水有多深？

(2) 这本教材适合不适合你用？
(3) 明天的会你去还是他去？
(4) 这件事是谁干的？

3. **恐怕**没有多少人可以说清楚。

"恐怕"是副词，表示估计或猜测，有时兼有担心之意。如：
(1) 你要请两周的假？恐怕办公室不会同意。
(2) 已经过了一个钟头了，她恐怕不会来了。
(3) 天这么阴，恐怕又要下雨了。

完成下面的句子：
(1) 他到现在还没回来，恐怕_____。
(2) 他病得非常厉害，恐怕_____。
(3) 我这次考试前没有好好复习，恐怕_____。
(4) 他的粗心使公司损失了几十万，恐怕_____。

4. 110报警服务的范围远**不止**这些。

"不止"表示超出一定的数量或范围。如：
(1) 我看了，仓库里的空调不止一百台。
(2) 看他的年纪可不止六十岁。

用"不止"完成下面的对话：
(1) 甲：这条街上有十几家饭馆儿吧？
    乙：_____。
(2) 甲：你认识的汉字有500吗？
    乙：_____。
(3) 甲：这座大厦里大大小小的公司有一百多家吧？
    乙：_____。
(4) 甲：下次世界杯是不是只有北京申报？
    乙：_____。

5. <u>总之</u>，当你遇到危险、困难而感到束手无策时，都可以求助 110。

"总之"是连词，将前面所说的话进行简短的概括。也说"总而言之"。如：

(1) 你去也好，他去也行，不管谁去，总之，咱们必须去一个人。

(2) 去卖菜也行，去拉车也行，总之，你得找个活儿干，不能老在家呆着。

完成下面的句子：

(1) 她嫌你个子矮，还说不喜欢闻烟味儿，总之＿＿＿＿＿＿＿＿＿＿。

(2) 那个地方离学校太远，交通也不方便，总之＿＿＿＿＿＿＿＿＿＿。

(3) 这个饭馆儿有的菜太咸，有的菜油太多，总之＿＿＿＿＿＿＿＿＿＿。

(4) 去饭馆儿也行，去你家也行，总之＿＿＿＿＿＿＿＿＿＿。

练习

1. 根据课文内容判断正误：

(1) 遇到任何困难都可以拨打 110。（　　）

(2) 遇到任何危险都可以拨打 110。（　　）

(3) 家人走失可以拨打 110。（　　）

(4) 上班因堵车就要迟到时可以拨打 110。（　　）

2. 不看课文，说说什么时候可以拨打 110？

3. 介绍你们国家的报警电话。

综合练习

一、听录音，然后从 ABCD 四个选项中选择最恰当的答案：

1. 这件事发生在什么地方？

　　A. 飞机上　　B. 火车上　　C. 轮船上　　D. 长途汽车上

2. 男士是女士的什么人？

A. 叔叔　　　　B. 爸爸　　　　C. 邻居　　　　D. 丈夫

二、听录音，边听边在下面的括号里填写数字或汉字：

女：喂！是110吗？我要报案！我被人抢了！

男：别着急，您慢慢说。您现在在哪里？

女：我在朝阳公园的（　　）门。

男：是事发地点吗？

女：是。我刚才在公园里散步，一个男的过来拦住我，抢了我的（　　）和（　　）就跑了。

男：那个男的长什么样儿？

女：个子不高，不到（　　），戴一副眼镜，穿（　　）色的上衣，别的我就不清楚了。

男：他向哪个方向跑了？

女：向公园（　　）跑了。

男：请问，您贵姓？

女：我姓（　　）。

男：请您在原地不要走开，我们的巡警（　　）之内就到，请您协助追查。

三、选择下面的副词填空：

　　　　赶快　　尽管　　尽早　　几乎　　究竟　　恐怕

(1) 这么长时间不跟你联系，（　　）她不想再做你的女朋友了。

(2) 这件衣服你要是喜欢就（　　）拿去穿吧。

(3) 他喜欢北京队，（　　）北京队所有的比赛他都要去看。

(4) 你（　　）去医院吧，你的儿子被车撞了！

(5) 这件事（　　）是他的错还是我的错？

(6) 明天请（　　）起床，我们六点出发。

四、下面的词语，都具有两种词性，如动词和名词，请用它们不同的词性，各造一个句子：

标准（形）_____。
　　　（名）_____。
吻　　（名）_____。
　　　（动）_____。
笑话　（名）_____。
　　　（动）_____。
证明　（动）_____。
　　　（名）_____。
指导　（动）_____。
　　　（名）_____。

五、把你学过的有关词语填写在后面的空格内：

亭	电话亭				
台	服务台				
者	患者				
病	精神病				

六、请教中国朋友，把左边的电话号码和右边的相关内容连接起来：

119　　　　　　　　　　　报警服务台

110　　　　　　　　　　　交通事故报警电话

120 或 999　　　　　　　 电话报修电话

122　　　　　　　　　　　火警电话

112　　　　　　　　　　　医疗急救电话

114　　　　　　　　　　　电话号码查询台

七、交流：

谈谈你们国家的求助电话。

八、阅读短文，然后根据短文的内容判断下面句子的正误：

许多人都知道在遇到危险或紧急情况时要拨打报警电话110，但是，当危险或困难真正降临的时候，许多人并不知道怎样正确拨打110，结果耽误了大事。拨打110请注意：

1. 一定要在离事发现场最近的地方，抓紧时间报警，越快越好。

2. 无论是市内电话还是手机都可以直接拨打110，不用加区号。

3. 拨打110电话免收报警人的电话费，投币、磁卡电话不用投币或插磁卡，直接拿起话筒即可拨通110报警电话。

4. 110、119、122、120分别是负责处理刑事案件或紧急危难求助、火警、交通事故、医疗急救的特种服务电话。北京市公安局已对这四个服务台建立了一个联动机制。当遇到重大灾祸时，拨打其中一个号码即可得到帮助，但是报案人要注意说清楚需要何种救助。

5. 报警时要按民警的提示说清求助的基本情况，特别是要说清事发地点。

6. 报警时要实事求是，不能虚报或夸大事实。

判断：

1. 110只能用于出现刑事案件和紧急危难求助时。（　　）

2. 拨打110不用拨区号，可以直接拨打。（　　）

3. 拨打110不收电话费。（　　）

4. 在街上没有硬币和电话卡也可以拨打110。（　　）

九、实践：

二人一组，设计一个出现危险的情境，然后进行拨打报警电话的表演。

十、请你说说：

在出现下面情况的时候，你会怎么做？

1. 你在公共汽车上，下车前忽然发现自己的钱包不见了；

2. 你在划船的时候，书包不小心掉进水里；

3. 你在路上摔了一跤，腿受伤了，裤子也破了；

4. 你在旅游时，晚上从入住的饭店出来散步，回去时迷了路，也忘了入住的饭店的名字。

附 录

求助常用语

1. 救命啊！
2. 抓小偷啊！
3. 快打110！
4. 送我去医院，好吗？
5. 着火了！快救火啊！
6. 这里有医生吗？我的朋友昏过去了！
7. 我的钱包丢了，没钱买车票，您能帮帮我吗？
8. 我的手机被人偷走了，能借您的手机打个电话吗？
9. 我的行李太多，您能帮我拿出火车站吗？
10. 可以借您的词典用用吗？
11. 我想买这件衣服，可我没带够钱，能借我500块吗？
12. 对不起，我不认识那条路，您能带我去吗？

第十课　聚　会

课前热身

1. 你常和朋友聚会吗？
2. 你和你的朋友喜欢在什么地方聚会？

课文

会话篇（一）

我们在这里跟你们一起过新年

词语准备（10-1）

1	出行	动	chūxíng	to travel
2	联欢	动	liánhuān	to have a get-together
3	首	量	shǒu	(measure word)
4	突击	动	tūjī	to do a crash job
5	笨	形	bèn	stupid
6	跑调		pǎo diào	out of tune
7	舞台	名	wǔtái	stage
8	赢得	动	yíngdé	to gain

9	热烈	形	rèliè	warm; loud
10	掌声	名	zhǎngshēng	applause
11	聚	动	jù	to gather
12	转告	动	zhuǎngào	to pass on (a message)

会话课文

王　丽：马丁先生，新年您有什么出行的打算吗？

马　丁：我哪儿也不去。新年的时候，我太太带着孩子来看我，我们在这里跟你们一起过新年。

王　丽：怪不得您这两天那么开心呢！那后天晚上公司的新年联欢会，您可一定要带他们参加哟！

马　丁：那他们一定会非常高兴。他们这是第一次来中国，也是第一次在国外过新年。

王　丽：您还得给我们表演个节目。

马　丁：我可不会表演什么节目。中文歌到现在一首也没学会。

王　丽：咱们现在突击学一首怎么样？学一首最简单的。

马　丁：我很笨，不知道能不能学会。我唱歌老跑调。

王　丽：没关系。只要您在舞台上一站，就一定能赢得热烈的掌声。

马　丁：我还是有点儿担心。要不，咱俩一块儿唱？

王　丽：您先学学看，要是到时候您还是觉得心里没底的话，我就陪您一块儿唱。

马　丁：这我就放心了。对了，还有一件事想请你帮忙，快过新年了，我想请我们部门的几位同事到我家聚聚，最好是这个周末，你能帮我转告大家吗？

王　丽：没问题。

语句理解与练习 (10-1)

1. **怪不得**您这两天那么开心呢!

   "怪不得"表示明白了原因,对某种情况不再感到奇怪。如:

   (1) 怪不得这么冷呢,原来下雪了。
   (2) 甲:他在中国学了四年汉语。
      乙:怪不得他的汉语说得这么好。

   用"怪不得"完成下面的对话:

   (1) 甲:总经理病了。
      乙:_____。

   (2) 甲:他每天晚上都去喝啤酒。
      乙:_____。

   (3) 甲:她和男朋友分手了。
      乙:_____。

   (4) 甲:他每天吃得太多。
      乙:_____。

2. 我还是有点儿担心。**要不**,咱俩一块儿唱?

   "要不"用在两句之间,由说话人说出另一种选择供人考虑。有商量的语气。如:

   (1) 坐飞机去比较贵,要不,咱们坐船去?
   (2) 周末咱们去哪儿?卡拉OK?要不,去跳舞?

   完成下面的句子:

   (1) 黄金周咱们去海南岛吧。要不_____。
   (2) 她生日送她什么礼物好呢?手表?手机?要不_____。
   (3) 咱们去吃日餐怎么样?要不_____。
   (4) 修手机的钱跟买手机差不多,要不_____。

3. 要是到时候您还是觉得<u>心里没底</u>的话，我就陪您一块儿唱。

"心里没底"表示对能不能做好某事心里没有把握。如：

(1) 一天时间能不能写出这份总结报告，我心里没底。

(2) 这东西修得好修不好，我心里也没底。

请你说说：

(1) 现在老板让你做什么事，你觉得心里没底？

(2) 如果你对所要做的事心里没底，你怎么办？

练习

1. 根据课文回答下面的问题：

(1) 马丁新年为什么不去旅行？

(2) 王丽请马丁在联欢会上做什么？

(3) 面对王丽的请求，马丁打算怎么做？

2. 根据实际情况回答下面的问题：

(1) 在你们国家，公司在新年都举办什么活动？

(2) 在你们国家，人们怎样度过新年？

3. 请你用汉语表演一个节目。

会话篇（二）

难得在一起聊聊

词语准备（10-2）

1	聊	动	liáo	to chat
2	光临	动	guānglín	to be present
3	批	量	pī	(measure word)

4	鲜花	名	xiānhuā	fresh flowers
5	笑口常开		xiào kǒu cháng kāi	grin all the time
6	缺少	动	quēshǎo	to lack; to be short of
7	插	动	chā	to stick into
8	沏	动	qī	to infuse
9	花生	名	huāshēng	peanut
10	瓜子儿	名	guāzǐr	sunflower or melon seeds
11	待	动	dāi	to wait for; to await

会话课文

（王丽和几位同事来到马丁租住的房子里）

马　丁：欢迎欢迎，欢迎光临寒舍。我的房间很小，平时很少有人来，你们是咱们公司到我这里来的第一批客人。

同事一：这是我们几个送您的鲜花，希望您笑口常开，像这鲜花一样。

马　丁：太漂亮了！我的房间里还真的缺少一点儿花香。

同事二：有花瓶吗？我帮您把花插上。

王　丽：马丁先生，您每天自己收拾房间吗？

马　丁：房东帮我找了一个小时工，每个星期来三次，给我解决了大问题，不然的话，我也不好意思请你们来。

同事三：生活中有什么需要帮忙的，尽管告诉我们。

马　丁：好的。哎，各位快请坐呀！这里有我刚刚沏好的茶，美国的红茶，不知你们喜欢不喜欢。这里还有花生、瓜子儿、小点心，……

王　丽：马丁先生，您别忙了，我们自己来。

马　丁：怎么样？我的房间像不像北京人的家？

同事四：再学几句北京话，您就变成北京人了。

马　丁：唉，平时工作忙，虽然每天在一起，可是谈的都是工作，难得在一起聊聊。我还真想跟你们学学北京话，了解了解北京的文化。哦，待会儿我做墨西哥菜给你们吃。

注释

1. **寒舍**　谦辞，对人称自己的家。
2. **小时工**　指按小时计酬的临时工，多从事家庭服务工作，也叫钟点工。

语句理解与练习（10-2）

1. ……，不然的话，我也不好意思请你们来。

   "不然的话"表示"如果不这样"。如：

   （1）到那儿马上给家里来个电话，不然的话，你父母会不放心的。

   （2）他一定有什么事，不然的话，他不会迟到的。

   完成下面的句子：

   （1）到一个地方，应该入乡随俗，不然的话，_____。

   （2）点菜的时候，遇到写有"时价"的菜，一定要问清楚价钱，不然的话，_____。

   （3）你一定要让他写个借钱的字据，不然的话，_____。

   （4）你们必须按合同办事，不然的话，_____。

2. 您别忙了，我们自己来。

   "自己来"表示可以自己做，不麻烦别人。主人请客人"自己来"，则有请客人不必拘束的意思。如：

   （1）甲：我来帮您提行李吧？

   　　乙：不用，我自己来。

(2) 这都是些家常便饭，你们不要客气，想吃什么就吃什么，自己来，啊！

3. 平时虽然每天在一起，可是谈的都是工作，难得在一起聊聊。

"难得"表示不常常（发生）。如：

(1) 公司的工作这几年一直很忙，难得有这么一个假期。

(2) 在北京工作好几年了，也难得去一趟故宫。

请你说说：

说一件在你的生活中难得发生的事情。

练习

1. 找出课文中主人与客人之间的客气话并根据自己的经历加以补充。

2. 下面的词语都是谦辞，请查词典，找到这些词语的意思，并学会使用：

(1) 过奖　　(2) 见笑　　(3) 献丑　　(4) 拙见

(5) 哪里　　(6) 鄙人　　(7) 冒昧　　(8) 不敢当

3. 根据实际情况回答下面的问题：

(1) 有客人到你家来，你怎么招待你的客人？

(2) 第一次去别人家拜访，你会带什么礼物？

阅读篇

忘年会

词语准备（10-3）

| 1 | 召开 | 动 | zhàokāi | to hold |
| 2 | 传 | 动 | chuán | to pass (on) |

3	员工	名	yuángōng	staff
4	酒吧	名	jiǔbā	bar
5	普通	形	pǔtōng	ordinary
6	交谈	动	jiāotán	to chat；to converse
7	回顾	动	huígù	to review
8	勉励	动	miǎnlì	to encourage
9	迎接	动	yíngjiē	to greet
10	挑战	动、名	tiǎozhàn	challenge
11	成为	动	chéngwéi	to become
12	习俗	名	xísú	custom
13	组成	动	zǔchéng	to form
14	叫做	动	jiàozuò	to be called
15	不拘	动	bùjū	not to stick to
16	年龄	名	niánlíng	age
17	行辈	名	hángbèi	seniority in the family or clan
18	结交	动	jiéjiāo	to make friends with
19	举行	动	jǔxíng	to hold (a meeting, ceremony, etc.)
20	忘掉	动	wàngdiào	to forget
21	面对	动	miànduì	to face
22	未来	名	wèilái	future
23	长幼	名	zhǎngyòu	the old and the young
24	尽情	副	jìnqíng	as much as one likes
25	欢乐	名	huānlè	happiness
26	张	动	zhāng	to open
27	臂膀	名	bìbǎng	arm

阅读课文

> 快到年底了，公司通知周五晚上召开忘年会。究竟什么是忘年会？我到现在也不十分清楚。据说忘年会是从日本传过来的。每到年底，日本大大小小的企业都要组织全体员工在饭店或酒吧聚餐，从企业领导到普通员工，大家聚到一起，一边喝酒，一边交谈，回顾过去的一年，然后互相勉励，准备迎接新一年的挑战。这已经成为日本新年习俗的一个重要组成部分。
>
> 这样的聚会为什么要叫做忘年会呢？我查了一下词典，竟然没有"忘年会"这个词语，只有"忘年"和"忘年交"。"忘年"有两个意思："忘记年月"与"不拘年龄和行辈"。"忘年交"呢，就是"不拘年龄和行辈而结交的朋友"。用这两个意思去解释"忘年会"，似乎都讲得通。你可以说举行忘年会，是为了让大家忘掉过去，面对未来；你也可以说在这个会上大家可以不拘大小和长幼，尽情欢乐。
>
> 从我个人来说，我更希望是第一种意思，过去了的就让它过去吧，让我们张开臂膀，迎接新一年的到来。

语句理解与练习（10-3）

1. <u>据说</u>忘年会是从日本传过来的。

   "据说"是听别人说。如：
   (1) 据说明天有五六级西北风。
   (2) 销售部新来了个经理，据说是刚刚从国外留学回来的。

   完成下面的句子：
   (1) 小明最近学习有很大进步，据说_____。
   (2) 明天是公司成立三十周年大庆，据说_____。
   (3) 这几天天气闷热，据说_____。

(4) 甲：怎么商店门口有这么多人在排队？

乙：据说＿＿＿＿＿＿＿＿＿＿＿＿＿＿＿＿＿＿＿＿＿＿＿＿＿＿＿＿＿。

2. 我查了一下词典，**竟然**没有"忘年会"这个词语。

"竟然"是副词，表示出乎意料。如：

(1) 他平时不复习，考试竟然得了一百分。

(2) 刚才还是晴天，这么一会儿工夫竟然下起雨来了。

📝 **把"竟然"放在下面句子的合适位置：**

(1) 这么难的题，他几分钟就做出来了。

(2) 他们俩的经历如此相似。

(3) 警察就在他的身边，他没有看见。

(4) 他的预言成为现实。

3. 用这两个意思去解释"忘年会"，**似乎**都讲得通。

"似乎"是副词，意思是"好像"。如：

(1) 这个人似乎在哪儿见过？

(2) 我叫了他几声他也不理我，似乎有些不高兴。

📝 **用"似乎"完成下面的句子：**

(1) 他掏了半天才从口袋里掏出五块钱，＿＿＿＿＿＿＿＿＿＿＿＿＿。

(2) 小李这几天一直闷闷不乐，＿＿＿＿＿＿＿＿＿＿＿＿＿＿＿＿。

(3) 她张了张口一句话也没说，＿＿＿＿＿＿＿＿＿＿＿＿＿＿＿＿。

(4) 老张朝我摆了摆手，＿＿＿＿＿＿＿＿＿＿＿＿＿＿＿＿＿＿＿。

4. **从**我个人**来说**，我更希望是第一种意思。

"从……来说"表示从某人或某组织的角度提出问题。如：

(1) 从领导的角度来说，当然要多听群众的意见。

(2) 从学校来说，严格管理学生是正确的。

完成下面的句子：

（1）从学生的角度来说，_____。

（2）从父母对子女的感情来说，_____。

（3）从旁观者的角度来说，_____。

（4）从公司的利益来说，_____。

练习

1. 选词填空：

> 竟然　　似乎　　尽情　　究竟　　十分

（1）联欢会的场面（　　）热烈。

（2）你住的房子（　　）小了点儿。

（3）你这孩子，考试（　　）两门不及格！

（4）你们谁看天气预报了？明天（　　）有没有雨？

（5）要是有了钱，我要周游世界，（　　）享受。

2. 在你们国家，新年有没有类似忘年会这样的活动？一般在哪儿举办？

3. 假设现在是新年，请你总结自己过去一年的成绩，展望新的一年自己要实现的愿望。

综合练习

一、听录音，然后从 ABCD 四个选项中选择最恰当的答案：

1. 男士现在在哪儿？

   A. 麦当劳　　　　　　　　　B. 四川饭馆

   C. 艺海茶室　　　　　　　　D. 商务中心

2. 女士预定的是：
  A. 小包间   B. 靠窗户的桌子
  C. 靠角落的桌子   D. 没有地方了

二、听录音，然后回答下面的问题：
 1. 小姐妹们喜欢在哪儿聚会？
 2. 大家为什么都呆住了？

三、下面的量词哪些是名量词，哪些是动量词，请搭配适当的词语分别填写在下面的格子里：

个　种　件　批　首　下　次　位

名量词							
动量词							

四、把你学过的有关词语填写在后面的空格内：

吧	酒吧				
声	掌声				
花	鲜花				
人	熟人				

五、读下面的词语，看看它们有什么共同的特点，你能用它们各说一句话吗？
 (1) 大大小小：_____。
 (2) 多多少少：_____。
 (3) 里里外外：_____。
 (4) 前前后后：_____。
 (5) 上上下下：_____。

六、阅读下面的小故事，然后回答问题：

李甲常常因为说话欠考虑得罪人。有一次，他请四位客人到家里来吃饭。约定的时间已经过了，有一位客人还没有到。李甲急得埋怨了一句："该来的还不来。"旁边一位客人听到他说的这句话，心里觉得不对劲儿："他为什么说'该来的还不来'呢？看来我是不该来的来了。"于是，不等那位客人来，便起身告辞了。李甲见这位客人没吃饭就走了，着急地嘀咕了一句："你看，不该走的又走了。"另一位客人听了，心里琢磨："'不该走的又走了'？听他这话的意思，好像我是该走的没走。"于是也离开了。李甲急得朝着离去的客人大喊："你别误会！我不是说你！"留下的客人一听，心想："不是说他，那一定是说我了？"于是，他也站起身来走了。

问题：

1. 为什么客人都走了？
2. 这个故事说明了什么？

七、下面是到别人家做客时的常用语，熟读并说说什么时候说这些话：

1. 这是一点儿小意思，请您收下吧。
2. 要换鞋吗？
3. 打扰您了。
4. 您家收拾得真干净。
5. 您别忙了，我自己来。
6. 您做的菜真好吃。
7. 耽误您这么长时间，真过意不去。
8. 快坐下休息休息吧。
9. 您也早点儿休息吧。
10. 时间不早了，我该回去了。
11. 您别送了。
12. 请留步。

八、实践：

二人一组，表演到别人家里做客。

九、写作：

写一篇短文，介绍你们国家一种带有聚会性质的活动。

十、请你说说：

在出现下面情况的时候，你会怎么做？

1. 你到别人家里做客时，忽然发现你所带的礼物不是主人喜欢的东西；
2. 你在主人家不小心摔破了茶杯；
3. 你听不懂别人聊天儿时的语言（外语或方言）；
4. 你和朋友在饭馆儿聚会，饭后朋友要为这顿饭买单。

附 录

表达邀请的常用语

1. 今天晚上有时间吗？到我那儿去坐坐？
2. 有空儿到我家来玩儿。
3. 明天是我的生日，想请你参加我的生日宴会，不知道你肯不肯赏脸？
4. 我们想请您参加我们的晚会，您能来吗？
5. 我想请您吃个饭。
6. 我们想请您给我们介绍一下学习方法。
7. 请您光临指导。
8. 我们想请您到我们这里看看，指导指导我们的工作。
9. 我们恭候您的光临。
10. 敬请光临。
11. 如蒙光顾，不胜感谢。

综合练习录音文本

第一课

一、听录音，然后从 ABCD 四个选项中选择最恰当的答案：

1. 男：我已经出海关了，怎么没有见到你？
   女：出站口人太多，出站口对面有一个小卖部，我就在小卖部的前面，右边有一个公共厕所。
   男：啊！看到了。
   问：女士现在在哪儿？

2. 男：请问，在哪儿可以打电话？
   女：小卖部旁边有一个 IC 卡电话机，麦当劳右边也有一个。您有卡吗？
   男：我刚到中国，还没有。在哪儿可以买 IC 卡？
   女：卖 IC 卡的都下班了。您用我的手机打吧。
   男：那太谢谢您了。
   问：男士怎么打的电话？

二、听录音，边听边在下面的句子中填写有关内容：

各位旅客，为方便春运期间广大中外旅客兑换货币，经白云机场多方努力，近日在机场国际到达厅 3 号行李转盘对面增设了中国工商银行的外币兑换点。到目前为止，国际到达厅可兑换的币种由原来的港币、瑞士法郎、美元、欧元 4 种增至美元、日元、欧元、新币、英镑、瑞士法郎、澳币、加币、港币 9 种。

除了增加兑换币种外，新增兑换点的上班时间还根据航班的时间灵活调整，更大程度体现了人性化服务。

到目前为止，国际到达厅共有两个外币兑换点，分别是工商银行和发展银行。此外，国际到达厅有中国银行和农业银行的自动取款机4部，分别设在16号门和8号门旁。欢迎各位旅客使用。

第二课

一、听录音，然后从ABCD四个选项中选择最恰当的答案：

1. 女：经理，房子我找到三处。第一处在郊区的一个小镇上，比较安静，租金很便宜；第二处是在市中心的马路边，附近有很多商店，不过比较吵；第三处在电子一条街上一栋新建的大厦里，周围都是公司，但租金很贵。您看我们选择哪一处好呢？

   男：要找一处环境好、价格便宜、又便于开展业务的地方确实很难，我看你再辛苦辛苦，看有没有更合适的。

   问：经理选择的是哪一处房子？

2. 男：告诉您一个好消息，您要的房子我帮您找到了，离你们公司不远。

   女：是吗？那太感谢您了。我什么时候能去看看房？

   男：我这儿随时都可以，看您什么时候方便了。

   女：我现在正在开会，晚上下班后也没有时间，午饭后怎么样？

   男：好吧，您吃完午饭打电话给我。

   问：男士和女士什么时间打的电话？

二、听录音，然后从ABCD四个选项中选择最恰当的答案：

我选择租房的两个理由：

第一，近几年房价不断高涨，贷款利息也在不断升高，要是现在买房，很不划算。我现在租的房子，一年的房租才一万八，每个月只要一千五，要是贷款买房，一个月至少要还两千，而且要连续还二十年。这对我们这样的工薪族来说，压力太大了。

第二，买房虽然是好事，但对于那些买了房的工薪族来说，生活质量却为此而下降：他们不敢轻易换工作、不敢娱乐、害怕银行涨息、担心生病和失业，更没时间好好享受生活。工作赚的钱不是为了养老婆、孩子，而是为了养房子。还贷款的压力让他们失去了该有的娱乐，使他们成了工作机器。而我们租房一族可以自豪地说："房子是为我服务的，而不是我为房子服务。"

第三课

一、听录音，然后从 ABCD 四个选项中选择最恰当的答案：

1. 女：一天 500？我觉得租车费贵了点儿，能不能打折呀？

   男：这种车不能低于 500。要不您换个捷达？捷达只要 400，而且我们还可以打九折。

   女：那好吧，就要个捷达吧。

   问：女士租的车一天要付多少钱？

2. 女：喂？是康健出租汽车公司吗？

   男：是啊！您有什么需要帮忙的吗？

   女：我刚才乘坐贵公司的出租车，把手机落在车上了。

   男：您有没有向司机要发票？

   女：当时着急下车，忘了要了。

   男：那您记得车牌号码吗？北京的出租车都是京 B 开头的，后面的数字是……

   女：我就记得车牌的数字有两个 8，还有一个 6。您看能找到这辆车吗？

   男：我们尽量查一下吧，请留一下联系方式，查到以后我们会通知您。

   问：下面哪一个车牌号码有可能是女士乘坐的出租车的？

二、听录音，然后从 ABCD 四个选项中选出最恰当的答案：

外地人来北京旅游，如何利用交通工具是个大问题。

有人说了，既然花大笔的钱来旅游，再花点儿钱用在打车上应该没有什么问题。何况在北京打车并不贵，一公里只要两块钱，比有些大城市还便宜。可是遇上堵车，你可就着急了，眼看着计价器在不停地蹦字，真恨不得赶快逃下车去。

坐地铁怎么样？只要买一张两块钱的地铁票，就可以绕北京一圈儿，真合算！可是你坐两次就会发现，地铁里几乎没有人少的时候，你挤我，我挤你的，虽然车厢里有空调，夏天照样挤你一身汗。

看来还是坐公交车最实惠，北京有各式各样的公交车，有双层车，有空调车，花上一两块钱就可以绕着北京城欣赏这座古都了。要是买张一卡通，坐车只要四毛钱，跟免费坐车差不多。不过，要是离开北京的时候卡里的钱没有用完，要退掉这张卡也不是一件容易的事。

第四课

一、听录音，然后根据下面的提问从ABCD四个选项中选择最恰当的答案：

1. 男：招待会不是六点开始吗？现在已经六点一刻了，怎么还不开始？

   女：今天路上堵车，客人的车要晚一点儿到，所以招待会推迟了半个小时。

   男：那我先去买一包烟，过十五分钟再过来。

   问：招待会改在几点开始？

2. 男：后天有个招待会，你帮我准备一份欢迎词。

   女：您什么时候要？

   男：早点儿给我吧，我要先看一看。

   女：明天下班前给您可以吗？

   男：我明天下午在外面开会，一点就得走，走之前你给我吧。

   女：好的。

   问：从对话中我们可以知道什么？

二、听录音，边听边在下面的括号里填写数字或汉字：

男：喂？是张经理吗？我是老李呀！

女：是李总啊！您现在在哪儿？

男：我现在在上海。这里有一位客户这两天要去北京跟我们公司谈业务，我回不去，你先接待一下。

女：行啊！没问题。客人什么时候到？

男：今天是三号吧？他后天中午到。住处我已经为他联系好了。你后天晚上以公司的名义宴请他吧。他是南方人，喜欢吃甜的，宴会就选在公司附近那家淮扬菜馆儿吧。

女：您什么时候回来？

男：我大后天上午十点半到北京。

第五课

一、听录音，然后从 ABCD 四个选项中选择最恰当的答案：

1. 男：你想买什么品牌的手机？

    女：买个 3G 手机吧！听说 3G 手机在中国很受欢迎。

    男：可是这种手机的价位比较高哇。我建议你要买就买最实用的。

    女：3G 手机不实用吗？

    问：男士建议女士买什么品牌的手机？

2. 女：能告诉我你的手机号码吗？

    男：当然可以。133-3131-4520。

    女：你带笔了吗？我把它记下来。

    男：不用记，我一说你就记住了。你这么记：1333-1314-520。前面是一个 1，三个 3，后面是 1314 和 520，意思就是"一生一世"和"我爱您"。

    女：你在哪儿选的号？这么记确实好记多了。

    问：男士的电话号码是多少？

二、听录音，边听边在下面的括号里填写数字或汉字：

男：喂！是丽丽吗？我是你老公啊！我刚刚路过南京路上的第二百货商场。这里正在举办满一百送五十的优惠活动。你现在能过来吗？

女：我在加班，经理说最早也要到六点半才能下班。

男：那我怎么办？是在这儿等你还是先回家去？

女：你怎么那么笨哪！不会先给自己买点儿东西？

男：我不懂价格呀！这里的东西看起来好像都不便宜。

女：你呀！告诉我今天商场几点关门儿？

男：这里写着：因为有优惠活动，商场的营业时间延长到十点。

女：太好了，我下班以后马上过去。

男：我在哪儿等你呀？

女：你七点一刻在商场北边的门口等我。

第六课

一、听录音，然后从 ABCD 四个选项中选择最恰当的答案：

1. 男：咱们周末去哪儿？去颐和园还是天坛？

   女：这些地方周末人太多，我想到郊区找个清静的地方，最好是有山有水的地方。

   男：那咱们就去黑龙潭吧。

   问：女士不想去什么地方？

2. 女：王先生，实在抱歉，我们无法买到今天飞往广州的飞机票，您看您是晚一天走，还是坐火车走？

   男：晚一天走肯定不行，我明天晚上在广州还要参加一个会。坐火车要几个小时？

   女：坐特快列车要二十几个小时，现在有一种更快的火车叫动车组，从这儿到广州只要 6 个小时。

男：那就帮我买这种车吧。

问：男士决定怎么去广州？

二、听录音，然后回答下面的问题：

男：请问，您这是九寨沟风景区管理局吗？我和我的朋友想在国庆节的时候去九寨沟游览，听说要事先预订门票和车票。

女：先生您几位？

男：三个人。

女：按照规定，您应该在9月15日至9月30日之间预订门票和前往九寨沟的车票，否则在国庆节期间将无法进入九寨沟。

男：那我该怎么预订？

女：自助游客可以在网上预订，也可以通过传真预订，详情请登录我们的网站。

男：谢谢您了。

第七课

一、听录音，然后从 ABCD 四个选项中选择最恰当的答案：

1. 男：请问，附近有超市吗？

   女：有啊，家乐福、美廉美、利客隆……这条街上大大小小有五六个超市呢。您想去哪个超市？

   男：就去最大的那家吧。

   女：那就去家乐福吧，您一直往前走，到第二个十字路口往左拐，再走一百多米就能看到家乐福的牌子了。家乐福在马路的对面。

   问：最大的超市在哪儿？

2. 女：您看这件怎么样？

   男：这件颜色太深了，而且样式也太老了。

   女：那您看看这件。

男：这件袖子是不是太长了？

女：这件米黄色的呢？很新潮的。

男：这件太贵了。还是要第二件吧。

问：男士最后要的是哪一件？

二、听录音，然后回答下面的问题：

各位顾客，为庆祝我店开业五周年，我店自本日起十五天内，举办特大酬宾活动。凡在此期间购物满100元者，凭购物小票均可获赠精美礼物一份。在此期间，各种电器一律九五折；服装五至七折；部分厨房卫生用品半价销售。在一楼地下超市，每天都有一元特价食品给您带来惊喜。详情请关注我店近日发布的广告，或登录我店的网站。

第八课

一、听录音，然后从ABCD四个选项中选择最恰当的答案：

1. 男：咱们今天中午去哪儿吃饭？

   女：吃旋转寿司吧，你不是喜欢吃生鱼片吗？

   男：大冬天的，吃生鱼肚子里不舒服。

   女：那吃韩式烤肉怎么样？

   男：我明天体检，不能吃太油腻的食物。

   女：那重庆火锅也不能吃了？我看去粥店喝碗粥算了。

   问：男士和女士最后决定去吃什么？

2. 女：你好像很喜欢去那家餐厅吃饭？是不是那儿的菜味道不错？

   男：味道嘛，倒也一般。

   女：价钱便宜？或者有什么特色菜？

   男：也说不上。我常去那儿主要是图个清静。

   问：男士为什么喜欢去那家餐厅？

二、听录音，边听边在下面的括号里填写数字或汉字：

男：喂，是便利送餐公司吗？我是北达电脑维修部，可以在你这里订盒饭吗？

女：可以。请问您想订什么标准的？我们这里有 10 元、15 元、18 元的普通盒饭，也有 28 元和 38 元的商务套餐。

男：18 块的盒饭和 28 的套餐有什么区别？

女：18 元的盒饭都是家常菜，两个荤菜，两个素菜；28 元的套餐有鱼和牛肉。请问您想要哪种？

男：还是要 18 块的吧。

女：您要多少份？

男：您给我来 15 份吧。

女：您什么时候要？

男：11 点半以前一定要送到。

女：请问您贵姓？

男：免贵姓张。

女：您方便告诉我您的联系方式吗？

男：打我手机吧，13355512345。

女：谢谢，我们一定准时给您送到。

第九课

一、听录音，然后从 ABCD 四个选项中选择最恰当的答案：

1. 女：（广播声）各位旅客！各位旅客！现在广播一个通知，本次列车一名旅客突然昏倒，初步诊断是心脏病发作。哪位旅客是医生，或是随身带有治疗心脏病的药品，请马上到 8 号餐车来。

   问：这件事发生在什么地方？

2. 女：王叔！我儿子突然发高烧，孩子他爸又不在家……

   男：要送他去医院是吗？没问题！你现在马上把孩子抱下楼，我开车在楼门口接你。

女：不好意思，大半夜的打扰您。

男：别说这些了，大家楼上楼下住着，帮这么点儿忙也是应该的。

问：男士是女士的什么人？

二、听录音，边听边在下面的括号里填写数字或汉字：

女：喂！是110吗？我要报案！我被人抢了！

男：别着急，您慢慢说。您现在在哪里？

女：我在朝阳公园的北门。

男：是事发地点吗？

女：是。我刚才在公园里散步，一个男的过来拦住我，抢了我的钱包和手机就跑了。

男：那个男的长什么样儿？

女：个子不高，不到一米七，戴一副眼镜，穿白色的上衣，别的我就不清楚了。

男：他向哪个方向跑了？

女：向公园里面跑了。

男：请问，您贵姓？

女：我姓李。

男：请您在原地不要走开，我们的巡警两分钟之内就到，请您协助追查。

第十课

一、听录音，然后从ABCD四个选项中选择最恰当的答案：

1. 男：你在哪儿呢？怎么还没到？

   女：我找不到你说的那个地方。

   男：你知道市中心那家麦当劳吗？麦当劳对面有一家商务中心，商务中心的隔壁是四川饭店，饭店的楼上有一个艺海茶室，我们就在二楼的茶室等你。

女：知道了，我马上到。

问：男士现在在哪儿？

2. 女：喂！是张经理吗？我是王丽。今天有几个朋友来，我想带他们到你那儿聚会一下。

男：行啊，您一共几位？

女：一共五位，有小包间吗？

男：实在抱歉，小包间都已经预定出去了。

女：那就给我留个靠窗户的桌子吧。

男：不好意思，今天是周末，靠窗户的桌子也都预定了，这么着吧，我给您留个靠角落的桌子吧，那里比较安静。

问：女士预定的是：

二、听录音，然后回答下面的问题：

　　我老公常出差，每次出差回来都给我带一些土特产来，我就叫几个要好的小姐妹到我家来一起品尝，久而久之，这似乎成了我们聚餐的一个理由。只要谁说一句张姐的老公回来了，大家就心领神会：今天晚上又有聚会了。

　　今天老公给我打电话，说出差刚刚回到北京，这次时间短，走得急，没买什么东西，刚才在回家的路上买了几条鱼。小姐妹们一听，惊喜地大叫："今晚有鱼吃了！"下班后，一帮小姐妹跟着我，迫不及待地赶回家，一进门，就大声喊："姐夫！鱼呢？什么好吃的鱼？"可是大家忽然闭上了嘴，瞪大了眼睛，目不转睛地看着几条小金鱼在鱼缸里游来游去。

语言点总表

(数字表示课文序号)

	A	
A 也好，B 也好	日租月租也好，长期租赁也好，您可以随心所欲。	3-3

	B	
拜托你了	那就拜托你了。	4-1
被尊称为……	泰山自古以来就被尊称为五岳之首。	6-3
不是……吗?	不是一件很快乐的事情吗?	3-3
不在乎	我不在乎吉利不吉利。	5-2
不妨	您不妨去一些小超市连锁店转转。	7-1
不管	不管你买没买衣服，都是难得的享受哇!	7-2
不瞒你说	不瞒你说，我家里有好几大本纪念章。	6-2
不然的话	……，不然的话，我也不好意思请你们来。	10-2
不止	110 报警服务的范围远不止这些。	9-3

	C	
从……的角度来看	从历史的角度来看，还应该数中国的"五岳"知名度更高。	6-3
从……来说	从我个人来说，我更希望是第一种意思。	10-3
从……起	从我来到贵国的第一天起，……	4-2
从根本上	不能从根本上解决"白色污染"的问题。	7-3

	D	
大多	去那儿的游客非常多，大多是短期来京旅游的外地游客和外国游客。	6-1

当做	要把它当做谈判的一个组成部分。	4-3
到处V也V不……	您刚才去哪儿了？到处找也找不到你。	6-2
到时候	到时候我们几个男子汉一起来保护你！	6-1
等……再说	等增强了自信心再说。	3-3
（动词重叠加宾语构成并列成分，表示列举。）	只要能接接电话、发发短信、拍拍照片、听听音乐就可以了。	5-1
对……来说	对商业谈判的双方来说，宴会气氛的好坏，有时会影响谈判双方的情绪。	4-3
对了	哎，对了，你现在用的是什么手机？	5-1
F		
反而	不能从根本上解决"白色污染"的问题，反而给消费者带来很大的不便。	7-3
方便	等您方便的时候，我带您去看看。	2-2
非……不可	天安门、故宫是非看不可的。	3-1
G		
共进……餐	下午五点我们总经理要和您见面，然后和您共进晚餐。	1-2
够……的了	您的汉语说得已经够不错的了。	9-2
怪不得	怪不得您这两天那么开心呢！	10-1
H		
还好	还好！还好！	1-1
还是……吧	要照我说，还是去吃家常菜吧。	8-1
好几	学了好几年了，不过一直没有买车。	3-2
合称为……	五台山、九华山、峨眉山、普陀山合称为中国佛教四大名山。	6-3
何况	一讲话就忘词，何况又是用汉语讲。	4-1
J		
几乎	几乎所有的人都知道110是报警服务台。	9-3
即使……也……	即使是一般的宴会，迟到也是应该避免的。	4-3
既……又……	敬酒既要恭敬热情，又要适度把握。	4-3

尽力	好，我尽力为您找吧。	2-1
竟然	我查了一下词典，竟然没有"忘年会"这个词语。	10-3
究竟	究竟遇到什么情况可以拨打110报警呢？	9-3
久而久之	久而久之，人们就用这个名字称呼他们做的这个菜了。	8-2
据说	据说忘年会是从日本传过来的。	10-3
K		
看来	看来租车也不错。	3-2
恐怕	恐怕没有多少人可以说清楚。	9-3
L		
另外	另外，吃这道菜的时候要抓紧时间。	8-3
M		
……嘛	现在我们是在中国嘛，当然要吃中餐。	8-1
没有比这再……的	没有比这再漂亮的照片了！	6-2
N		
拿……来说	拿我们这条街来说吧，有家常菜、火锅、烤肉、海鲜，各种菜应有尽有。	8-1
拿手	我做墨西哥菜很拿手。	2-1
哪儿也不……	我哪儿也不去。	10-1
那要看您……	那要看您（你）包什么车了。	3-1
难得	平时虽然每天在一起，可是谈的都是工作，难得在一起聊聊。	10-2
Q		
千万	千万不要离商店太远。	2-3
S		
谁（都）……	这谁都知道。	8-3
谁不希望……呢？	谁不希望自己发财呢？	5-2
深表……	我深表荣幸。	4-2
什么	跟我还客气什么！	9-2
甚至	有的就要几百甚至几千。	5-2
十有八九	我想十有八九是丢在飞机座位上了。	9-1

实在不行	我们也希望您能用汉语讲,实在不行,您也可以用英语说。	4-1
(是)什么时候……的	什么时候学会开车的?	3-2
首先……,其次……	首先,你应该……,其次,如果……,事先约定好联系方法是十分必要的。	1-3
说 A 就 A	还等什么?说去就去。	2-2
说好	不过咱们事先说好了,我得付你学费。	9-2
似乎	用这两个意思去解释"忘年会",似乎都讲得通。	10-3
算	我大概也算是这些人中的一个。	6-1
算是	我们就算是互相辅导吧。	9-2
随时	有什么要求可以随时告诉我。	1-2

V

V 起来	出门在外用起来方便一些。	5-1

W

万一	万一停电了,还得一步一步走上去。	2-3
为……效劳	很愿意为你们效劳。	8-2
无论……还是……	贵公司无论从生活上还是工作上都做了周到的安排。	4-2

X

相对来说	如果是大家都认为是不吉利的数字,相对来说,就比较便宜一些。	5-2
享有……的美誉	人文景观和自然景观的交融,使得泰山享有"天下第一山"的美誉。	6-3
想 V 都(也)V 不……	想把糖拔成丝都拔不动了。	8-3
像……什么的	像捷达、索纳塔、桑塔纳什么的,一天几百块钱我想也就够了。	3-1
像……一样	让我感到就像回到家里一样亲切、温暖。	4-2
心里没底	要是到时候您还是觉得心里没底的话,我就陪您一块儿唱。	10-1

	Y	
样样	我这里家具样样齐备。	2-2
要不	我还是有点儿担心。要不，咱俩一块儿唱？	10-1
要照我说	要照我说，还是去吃家常菜吧。	8-1
一旦	一旦出现警情会及时提醒手机的主人。	5-3
一定	你一定是ABC公司的王小姐吧？	1-1
一下子	你怎么能从那么多外国人里面一下子就认出我呢？	1-1
一般来说	一般来说，应当提前十分钟到达。	4-3
一（脸）	特点很突出，是不是？一脸大胡子。	1-1
一V就是……	她常常一早出去，一逛就是一天。	7-2
依……看	依你看，我们去哪家饭馆儿好呢？	8-1
以……而闻名于世	这两座山都以风景秀丽、云海缭绕、奇松怪石、清泉瀑布而闻名于世。	6-3
以……为宜	楼层不能太高也不能太低，以四层、五层为宜。	2-3
以及	手机刚开始流行的时候，只是被人们用来拨打和接听电话，以及发送短信等等。	5-3
因……而……	一些用户因手机功能过多而望而生畏。	5-3
由于	由于机场里人太多，你们没有见到，……	1-3
有利于	这样做会大大减少塑料袋的使用，有利于环境保护，提高公众环境保护意识。	7-3
原来如此	噢！原来如此。	8-2

	Z	
再……不过	东西再便宜不过了。	7-1
在……上做文章	要想根治这种"白色污染"，必须在用什么物品替代塑料袋的问题上做文章。	7-3
着	我的手机找不着了。	9-1
这就……	我这就去。	9-1
这样吧	这样吧，我最近不太忙，星期一、三下班后我有时间，我帮您正正音吧。	9-2
……之一	那是我们这里比较高档的商店之一。	7-1

只要……就……	只要让服务员把上面的辣椒捞出去，就能看到鲜美的鱼片了。	8-3
自古以来	泰山自古以来就被尊称为五岳之首。	6-3
自己来	您别忙了，我们自己来。	10-2
总之	总之，当你遇到危险、困难而感到束手无策时，都可以求助110。	9-3
最好	最好离公司不远，步行不超过十分钟。	2-1
作为（1）	老板让我先到这里找一处房子，作为公司的临时办事处。	2-3
作为（2）	作为我们公司的代表，和贵公司合作，我深表荣幸。	4-2
做……的	其实做妻子的，很希望自己的先生和她一起享受购物的快乐。	7-2

词语总表

（数字表示课文序号）

A			
安全	形	ānquán	6-1
按照	介	ànzhào	8-2
案件	名	ànjiàn	9-3
B			
拔	动	bá	8-3
把握	动、名	bǎwò	4-3
拜托	动	bàituō	4-1
班机	名	bānjī	9-1
办事处	名	bànshìchù	2-3
棒	形	bàng	6-2
包车		bāo chē	3-1
保持	动	bǎochí	4-3
保存	动	bǎocún	6-1
保护	动	bǎohù	6-1
保险	名	bǎoxiǎn	3-2
保养	动	bǎoyǎng	3-2
报警		bào jǐng	9-3
本人	代	běnrén	1-1
笨	形	bèn	10-1
必不可少		bì bù kě shǎo	4-3
必要	形	bìyào	1-3
闭	动	bì	1-2
臂膀	名	bìbǎng	10-3

避免	动	bìmiǎn	1-3
便利	形	biànlì	2-3
标志	名	biāozhì	1-3
标准	形、名	biāozhǔn	9-2
表示	动	biǎoshì	7-1
拨	动	bō	5-3
补充	动	bǔchōng	4-3
不便	形	búbiàn	7-3
不断	副	búduàn	4-2
不尽相同		bú jìn xiāngtóng	8-1
不拘	动	bùjū	10-3
不愧	副	búkuì	6-2
部	量	bù	3-3
布置	动	bùzhì	2-3
步行	动	bùxíng	2-1
部门	名	bùmén	9-1

C

采购	动	cǎigòu	7-2
采摘	动	cǎizhāi	3-3
参拜	动	cānbài	6-3
餐桌	名	cānzhuō	4-3
测量	动	cèliáng	6-3
插	动	chā	10-2
差错	名	chācuò	1-3
尝	动	cháng	8-2
场合	名	chǎnghé	4-1
超薄	形	chāobáo	7-3
超过	动	chāoguò	2-1
超级	形	chāojí	5-3
超市	名	chāoshì	7-1

车位	名	chēwèi	2-3
称呼	动	chēnghu	8-2
成为	动	chéngwéi	10-3
乘坐	动	chéngzuò	1-3
出席	动	chūxí	4-3
出行	动	chūxíng	10-1
出游	动	chūyóu	3-3
传	动	chuán	10-3
传统	形、名	chuántǒng	5-1
传真	名	chuánzhēn	1-3
创意	名	chuàngyì	5-3
此外	连	cǐwài	4-2
刺激	动	cìjī	6-1
葱	名	cōng	8-3
促进	动	cùjìn	4-2

D

答谢词	名	dáxiècí	4-2
大吃一惊		dà chī yì jīng	8-3
待	动	dāi	10-2
担心		dān xīn	6-1
耽误	动	dānwu	2-3
当时	名	dāngshí	9-2
档次	名	dàngcì	7-1
导航	动	dǎoháng	5-1
到达	动	dàodá	1-3
登	动	dēng	6-2
等候	动	děnghòu	1-3
低廉	形	dīlián	5-3
的确	副	díquè	6-3
抵制	动	dǐzhì	7-3

地段	名	dìduàn	2-3
电器	名	diànqì	2-1
电子邮件		diànzǐ yóujiàn	1-3
订餐卡	名	dìngcānkǎ	8-1
订金	名	dìngjīn	3-1
定	动	dìng	9-2
定期	动	dìngqī	3-2
东张西望		dōng zhāng xī wàng	8-3
斗争	动、名	dòuzhēng	7-3
堵车		dǔ chē	2-3
肚子	名	dùzi	9-2
端	动	duān	8-3
短期	名	duǎnqī	6-1
段	量	duàn	1-2
对	量	duì	8-2

F

发财		fā cái	5-2
发音	名	fāyīn	5-2
法律	名	fǎlǜ	7-3
繁多	形	fánduō	7-2
范围	名	fànwéi	9-3
方式	名	fāngshì	3-1
房东	名	fángdōng	2-2
房屋	名	fángwū	9-3
放心		fàng xīn	9-1
肺	名	fèi	8-2
风趣	形	fēngqù	1-1
夫妻	名	fūqī	8-2
服务台	名	fúwùtái	9-3
浮	动	fú	8-3

符合	动	fúhé	2-3
付（钱）	动	fù（qián）	3-1
		G	
赶快	副	gǎnkuài	9-1
感觉	动、名	gǎnjué	1-2
感受	名、动	gǎnshòu	4-2
高档	形	gāodàng	7-1
各不相同		gè bù xiāngtóng	8-1
根据	介、名	gēnjù	6-3
根治	动	gēnzhì	7-3
更加	副	gèngjiā	5-3
工作人员		gōngzuò rényuán	9-1
公关部	名	gōngguānbù	1-1
公用	动	gōngyòng	9-1
公寓	名	gōngyù	2-1
公众	名	gōngzhòng	7-3
恭敬	形	gōngjìng	4-3
共同	形	gòngtóng	4-2
构成	动	gòuchéng	7-3
购物		gòu wù	7-1
估计	动	gūjì	2-1
古（时候）	形	gǔ（shíhou）	8-2
古迹	名	gǔjì	6-2
固定	形	gùdìng	2-3
瓜子儿	名	guāzǐr	10-2
关怀	动	guānhuái	4-2
光	副	guāng	8-2
光临	动	guānglín	10-2
逛	动	guàng	7-2

规矩	名	guīju	4-3
过程	名	guòchéng	4-3
H			
海鲜	名	hǎixiān	8-1
行辈	名	hángbèi	10-3
行情	名	hángqíng	2-3
航班	名	hángbān	1-3
航空	名	hángkōng	9-1
好听	形	hǎotīng	8-2
号码	名	hàomǎ	1-2
嗬	叹	hē	6-2
何况	连	hékuàng	4-1
合同	名	hétong	2-2
合作	动	hézuò	4-2
荷叶饼	名	héyèbǐng	8-3
厚	形	hòu	8-3
呼吸	动	hūxī	3-3
胡子	名	húzi	1-1
糊涂	形	hútu	8-1
花生	名	huāshēng	10-2
欢乐	名	huānlè	10-3
环境	名	huánjìng	7-3
环球	名	huánqiú	7-2
患者	名	huànzhě	9-3
回顾	动	huígù	10-3
汇集	动	huìjí	7-1
婚（事）	名	hūn (shì)	3-3
火	形	huǒ	5-1
火锅	名	huǒguō	8-1
货物	名	huòwù	7-1

		J	
及时	形、副	jíshí	2-3
吉利	形	jílì	5-2
急救	动	jíjiù	9-3
记得	动	jìde	9-1
纪念品	名	jìniànpǐn	6-2
纪念章	名	jìniànzhāng	6-2
夹	动	jiā	8-3
家常菜	名	jiāchángcài	8-1
家具	名	jiājù	2-1
家乡	名	jiāxiāng	1-2
价格	名	jiàgé	5-3
价钱	名	jiàqian	5-2
价位	名	jiàwèi	2-3
驾	动	jià	3-3
驾驶证	名	jiàshǐzhèng	3-3
减少	动	jiǎnshǎo	7-3
简谱	名	jiǎnpǔ	5-2
建	动	jiàn	6-3
建议	名、动	jiànyì	5-1
渐渐	副	jiànjiàn	5-3
将	副	jiāng	9-3
讲究	形、动	jiǎngjiu	4-3
交融	动	jiāoróng	6-3
交谈	动	jiāotán	10-3
叫做	动	jiàozuò	10-3
轿车	名	jiàochē	3-3
接待	动	jiēdài	4-2
节假日	名	jiéjiàrì	3-2
结交	动	jiéjiāo	10-3

尽管	副	jǐnguǎn	9-2
尽量	副	jǐnliàng	2-3
尽早	副	jǐnzǎo	9-3
尽情	副	jìnqíng	10-3
进餐	动	jìncān	1-2
禁止	动	jìnzhǐ	7-3
惊喜	形	jīngxǐ	7-1
精神百倍		jīngshén bǎibèi	4-1
精神病	名	jīngshénbìng	9-3
景点	名	jǐngdiǎn	6-1
景观	名	jǐngguān	6-3
景色	名	jǐngsè	1-2
警情	名	jǐngqíng	5-3
静	形、动	jìng	9-1
酒吧	名	jiǔbā	10-3
居民	名	jūmín	9-3
举办	动	jǔbàn	4-1
举措	名	jǔcuò	7-3
举行	动	jǔxíng	10-3
具备	动	jùbèi	5-3
距离	名	jùlí	1-2
聚	动	jù	10-1
聚餐		jù cān	8-1
卷	动	juǎn	8-3

K

开（机）	动	kāi (jī)	1-2
开口		kāi kǒu	9-2
开业		kāi yè	8-1
看重	动	kànzhòng	5-1
烤肉		kǎo ròu	8-1

靠近	动	kàojìn	2-3
客人	名	kèren	2-2
空儿	名	kòngr	5-1
口味	名	kǒuwèi	8-1
夸张	形	kuāzhāng	9-2
筷子	名	kuàizi	8-3
款	量	kuǎn	5-2
款式	名	kuǎnshì	5-1
困扰	动	kùnrǎo	7-3

L

辣	形	là	4-1
辣椒	名	làjiāo	8-3
捞	动	lāo	8-3
礼节	名	lǐjié	4-3
连锁店	名	liánsuǒdiàn	7-1
联欢	动	liánhuān	10-1
良好	形	liánghǎo	4-3
聊	动	liáo	10-2
缭绕	动	liáorào	6-3
临时	副、形	línshí	2-3
铃	名	líng	5-3
浏览	动	liúlǎn	5-3
流连忘返		liúlián wàng fǎn	6-3
隆重	形	lóngzhòng	4-1
楼层	名	lóucéng	2-3
落	动	luò	9-3

M

瞒	动	mán	6-2
贸易	名	màoyì	4-2
煤气	名	méiqì	9-3

美妙	形	měimiào	5-3
迷路		mí lù	9-3
免税		miǎn shuì	7-2
勉励	动	miǎnlì	10-3
勉强	动、形	miǎnqiǎng	4-3
面对	动	miànduì	10-3
名牌	名	míngpái	7-1
名片	名	míngpiàn	1-1
名胜	名	míngshèng	6-2
明信片	名	míngxìnpiàn	6-2
模仿	动	mófǎng	8-3
目的地	名	mùdìdì	7-2

N

纳闷儿		nà mènr	9-2
男子汉	名	nánzǐhàn	6-1
难得	形	nándé	7-2
难堪	形	nánkān	4-3
闹笑话		nào xiàohua	8-2
年龄	名	niánlíng	10-3
女士	名	nǚshì	2-2
女性	名	nǚxìng	7-2

P

拍摄	动	pāishè	6-2
跑调		pǎo diào	10-1
陪	动	péi	7-2
盆	量	pén	8-3
批	量	pī	10-2
品尝	动	pǐncháng	8-3
品牌	名	pǐnpái	5-1
品种	名	pǐnzhǒng	7-1

平时	名	píngshí	3-2
屏幕	名	píngmù	5-3
迫不及待		pò bù jí dài	8-3
破坏	动	pòhuài	4-3
破旧	形	pòjiù	6-1
普遍	形	pǔbiàn	7-3
普通	形	pǔtōng	10-3
瀑布	名	pùbù	6-3

Q

沏	动	qī	10-2
齐备	形	qíbèi	2-2
齐全	形	qíquán	2-1
其中	名	qízhōng	6-3
奇怪	形	qíguài	6-3
气氛	名	qìfēn	4-3
气势	名	qìshì	6-1
签	动	qiān	2-2
强奸	动	qiángjiān	9-3
强人所难		qiǎng rén suǒ nán	4-3
抢劫	动	qiǎngjié	9-3
抢修	动	qiǎngxiū	9-3
亲切	形	qīnqiè	4-2
侵蚀	动	qīnshí	7-3
青睐	动	qīnglài	5-3
轻巧	形	qīngqiǎo	5-3
清泉	名	qīngquán	6-3
清爽	形	qīngshuǎng	1-2
求助	动	qiúzhù	9-1
缺少	动	quēshǎo	10-2

R			
热烈	形	rèliè	10-1
人文	名	rénwén	6-3
人物	名	rénwù	6-3
认（出）	动	rèn (chū)	1-1
任务	名	rènwù	2-3
日程	名	rìchéng	1-2
荣幸	形	róngxìng	4-2
肉团	名	ròutuán	8-2
如此	代	rúcǐ	5-3
如何	代	rúhé	7-3
入席		rù xí	4-3

S			
丧（事）	名	sāng (shì)	3-3
杀	动	shā	9-3
商城	名	shāngchéng	7-1
商家	名	shāngjiā	7-1
商品	名	shāngpǐn	7-1
商业区	名	shāngyèqū	2-3
上路		shàng lù	3-3
上司	名	shàngsi	4-3
稍	副	shāo	1-1
设置	动	shèzhì	5-3
社交	名	shèjiāo	4-3
身份证	名	shēnfènzhèng	3-3
甚至	副	shènzhì	5-2
生命	名	shēngmìng	9-3
石	名	shí	6-3
时代	名	shídài	5-3
实惠	形	shíhuì	8-1

实用	形	shíyòng	5-3
使	动	shǐ	6-3
使得	动	shǐdé	6-3
使用	动	shǐyòng	7-3
事先	名	shìxiān	1-3
事业	名	shìyè	4-2
适当	形	shìdàng	4-3
适度	形	shìdù	4-3
适中	形	shìzhōng	2-3
收藏	动	shōucáng	6-2
收益	名	shōuyì	4-2
手续费	名	shǒuxùfèi	3-2
手艺	名	shǒuyì	2-1
首	量	shǒu	10-1
受宠若惊		shòu chǒng ruò jīng	4-1
熟悉	形	shúxī	1-1
属于	动	shǔyú	3-3
束手无策		shù shǒu wú cè	9-3
数不清		shǔbuqīng	6-3
数字	名	shùzì	5-2
丝	名	sī	8-3
四通八达		sì tōng bā dá	2-3
寺庙	名	sìmiào	6-3
松	名	sōng	6-3
塑料	名	sùliào	7-3
随心所欲		suí xīn suǒ yù	3-3
孙女	名	sūnnǚ	7-1
所见所闻		suǒ jiàn suǒ wén	7-2
T			
套	量	tào	2-1

特点	名	tèdiǎn	1-1
特殊	形	tèshū	8-3
特意	副	tèyì	4-1
T恤衫	名	T-xùshān	6-2
提前	动	tíqián	3-2
提醒	动	tíxǐng	2-3
体态	名	tǐtài	1-3
体现	动	tǐxiàn	7-1
替代	动	tìdài	7-3
天堂	名	tiāntáng	7-2
甜面酱	名	tiánmiànjiàng	8-3
调节	动	tiáojié	4-3
挑战	动、名	tiǎozhàn	10-3
听	量	tīng	7-1
亭	名	tíng	9-1
同仁	名	tóngrén	4-2
同事	名	tóngshì	2-2
投入	动	tóurù	4-2
突出	形	tūchū	1-1
突击	动	tūjī	10-1
兔子	名	tùzi	9-2

W

网	名	wǎng	3-1
往来	动	wǎnglái	4-2
往往	副	wǎngwǎng	8-3
忘掉	动	wàngdiào	10-3
望而生畏		wàng ér shēng wèi	5-3
卫星	名	wèixīng	5-1
未来	名	wèilái	10-3
温暖	形	wēnnuǎn	4-2

文学家	名	wénxuéjiā	8-2
吻	动、名	wěn	9-2
污染	动	wūrǎn	7-3
无微不至		wú wēi bú zhì	4-2
无线上网		wúxiàn shàng wǎng	5-1
舞台	名	wǔtái	10-1
误会	动	wùhuì	8-2
X			
习俗	名	xísú	10-3
鲜花	名	xiānhuā	10-2
鲜美	形	xiānměi	8-3
显露	动	xiǎnlù	5-3
险	形	xiǎn	6-1
现存	动	xiàncún	6-1
相差	动	xiāngchà	5-2
相似	形	xiāngsì	5-2
享受	动	xiǎngshòu	7-2
向导	名	xiàngdǎo	6-1
消费者	名	xiāofèizhě	7-3
销路	名	xiāolù	5-1
销售	动	xiāoshòu	7-3
小型	形	xiǎoxíng	5-3
笑话	名、动	xiàohua	9-2
笑口常开		xiào kǒu cháng kāi	10-2
效劳	动	xiàoláo	8-2
协助	动	xiézhù	9-3
欣赏	动	xīnshǎng	7-2
新鲜	形	xīnxiān	3-3
新颖	形	xīnyǐng	7-2
信息	名	xìnxī	9-1

刑事	形	xíngshì	9-3
兴高采烈		xìng gāo cǎi liè	7-2
修缮	动	xiūshàn	6-1
秀丽	形	xiùlì	6-3
选	动	xuǎn	5-2
选择	动	xuǎnzé	6-1
学费	名	xuéfèi	9-2
寻找	动	xúnzhǎo	7-3

Y

押金	名	yājīn	3-3
业务	名	yèwù	2-3
医学	名	yīxué	5-3
遗迹	名	yíjì	6-3
疑问	名	yíwèn	7-3
以来	名	yǐlái	8-1
艺术	名	yìshù	7-2
意识	名	yìshí	7-3
意外	名	yìwài	1-3
应有尽有		yīng yǒu jìn yǒu	8-1
迎接	动	yíngjiē	10-3
迎来送往		yíng lái sòng wǎng	3-3
赢得	动	yíngdé	10-1
硬	形	yìng	8-3
用品	名	yòngpǐn	2-1
幽默	形	yōumò	8-2
邮件	名	yóujiàn	5-3
游	动	yóu	3-1
游客	名	yóukè	6-1
游览	动	yóulǎn	6-1
游人	名	yóurén	6-3

有偿	形	yǒucháng	7-3
有关	动	yǒuguān	7-3
有些	副	yǒuxiē	8-3
预订	动	yùdìng	3-2
员工	名	yuángōng	10-3
原因	名	yuányīn	2-1
远方	名	yuǎnfāng	2-2
约定	动	yuēdìng	1-3
允许	动	yǔnxǔ	4-2

Z

在座	动	zàizuò	4-2
增进	动	zēngjìn	4-3
增强	动	zēngqiáng	3-3
蘸	动	zhàn	8-3
张	动	zhāng	10-3
长幼	名	zhǎngyòu	10-3
掌声	名	zhǎngshēng	10-1
招待会	名	zhāodàihuì	4-1
召开	动	zhàokāi	10-3
正音		zhèng yīn	9-2
证明	动、名	zhèngmíng	9-2
知名	形	zhīmíng	6-3
知名度	名	zhīmíngdù	6-3
指导	动、名	zhǐdǎo	9-2
制定	动	zhìdìng	7-3
制度	名	zhìdù	7-3
致词		zhì cí	4-1
智障者	名	zhìzhàngzhě	9-3
衷心	形	zhōngxīn	4-2
种	量	zhǒng	3-3

种类	名	zhǒnglèi	7-2
中毒		zhòng dú	9-3
周到	形	zhōudào	4-2
肘子	名	zhǒuzi	8-2
逐步	副	zhúbù	5-3
抓紧		zhuā jǐn	8-3
专门	副	zhuānmén	4-1
转告	动	zhuǎngào	10-1
状况	名	zhuàngkuàng	4-3
坠	动	zhuì	9-3
准确	形	zhǔnquè	1-3
准时	形	zhǔnshí	1-3
着装	名	zhuózhuāng	1-3
滋味	名	zīwèi	8-3
自	介	zì	8-1
自然	形	zìrán	6-3
自信心	名	zìxìnxīn	3-3
走失	动	zǒushī	9-3
租	动	zū	2-1
租金	名	zūjīn	2-2
租赁	动	zūlìn	3-1
足足	副	zúzú	4-1
组成	动	zǔchéng	10-3
座位	名	zuòwèi	9-1
做客		zuò kè	3-2